Metodologia pastoral

PASTORAL

- *A caridade pastoral: por uma pedagogia da misericórdia* –
  P. J. Sílvio Botero G.

- *Metodologia pastoral: mística do discípulo missionário* –
  Elli Benincá e Rodinei Balbinot

- *Novos ministérios: a necessidade de um salto à frente* –
  Antonio José de Almeida

Elli Benincá
Rodinei Balbinot

Metodologia pastoral

Mística do discípulo missionário

Dados Internacionais de Catalogação na Publicação (CIP)
(Câmara Brasileira do Livro, SP, Brasil)

Benincá, Elli
    Metodologia pastoral : mística do discípulo missionário / Elli Benincá,
Rodinei Balbinot. – 3. ed. – São Paulo : Paulinas, 2012. – (Coleção pastoral)

Bibliografia
ISBN 978-85-356-3010-7

    1. Cristianismo   2. Evangelização   3. Evangelização - Aspectos sociais
4. Evangelização - Metodologia   5. Teologia pastoral   I. Balbinot, Rodinei.
II.Título.   III. Série

11-14119   CDD-269.2

Índice para catálogo sistemático:

1. Evangelização : Metodologia : Cristianismo   269.2

3ª edição – 2012
1ª reimpressão – 2015

Citações bíblicas: Bíblia de Jerusalém, São Paulo, Paulus, 1985.

Direção-geral:	Flávia Reginatto
Editores responsáveis:	Vera Ivanise Bombonatto
	Antonio Francisco Lelo
Coordenação de revisão:	Marina Mendonça
Copidesque:	Ana Cecilia Mari
Revisão:	Ruth Mitzuie Kluska
Direção de arte:	Irma Cipriani
Gerente de produção:	Felício Calegaro Neto
Projeto gráfico:	Wilson Teodoro Garcia

Nenhuma parte desta obra poderá ser reproduzida ou transmitida por qualquer forma e/ou
quaisquer meios (eletrônico ou mecânico, incluindo fotocópia e gravação) ou arquivada em
qualquer sistema ou banco de dados sem permissão escrita da Editora. Direitos reservados.

Paulinas

Rua Dona Inácia Uchoa, 62
04110-020 – São Paulo – SP (Brasil)
Tel.: (11) 2125-3500
http://www.paulinas.org.br – editora@paulinas.com.br
Telemarketing e SAC: 0800-7010081

© Pia Sociedade Filhas de São Paulo – São Paulo, 2009

Apresentação

Por muito tempo, e ainda hoje, usou-se-a palavra "metodologia" como sinônimo de técnicas e dinâmicas ou instrumentos para facilitar a aplicação de uma ideia ou o desenvolvimento de uma ação. Se pensarmos desta forma, a metodologia da ação evangelizadora não teria outra função senão a de executar decisões eclesiais ou aplicar ideias teológicas.

Entendemos que a metodologia pastoral é o espírito que constrói a ação evangelizadora e, portanto, é muito mais que uma técnica: é a mística do discípulo missionário. Este livro aborda a metodologia da ação evangelizadora a partir dessa perspectiva. Pretende ser simples, profundo e sugestivo.

Reunimos aqui uma série de reflexões que foram sendo desenvolvidas a partir de experiências pastorais concretas e de assessorias na área de Metodologia e Planejamento Pastoral, bem como das aulas de Metodologia e Prática Pastoral no Instituto de Teologia e Pastoral (Itepa).

Em 2008, os alunos do Curso de Teologia Pastoral do referido instituto trouxeram à tona uma antiga discussão sobre a possibilidade de se construir uma ciência pastoral. Há necessidade de buscar o reconhecimento científico para a prática pastoral? Para nós, esta não é simplesmente uma questão de certificação da autoridade científica da área pastoral, e sim uma questão que diz respeito à própria seriedade da ação evangelizadora.

Ainda encontramos pessoas ligadas à Igreja que pensam não ser necessário estudar para fazer pastoral. Por isso, indicam-se pessoas para se especializarem nas áreas de Teologia Sistemática, Administração, Comunicação, entre outras, mas não se nota a mesma preocupação com aquelas que assumem coordenações pastorais. Talvez esta seja uma das razões de se pensar que a pastoral é um campo de prática, não de reflexão, justificando-se, dessa forma, a instrumentalização da metodologia e tornando a reflexão da prática pastoral desnecessária.

Observemos por outra perspectiva. Acreditamos que a prática pastoral pode ser o ponto de partida para a construção de conhecimentos específicos da ação evangelizadora. Mais: este processo de construção de conhecimento, longe de contradizer a mística do discípulo missionário, é como que uma garantia de sua qualificação.

Como a prática pastoral não se enquadra nos parâmetros das ciências naturais, é preciso investigar a possibilidade de se elaborar outra compreensão do objeto de investigação. Como ponto de partida, aceitamos as opiniões que consideram a ação evangelizadora como prática pedagógica. Assumindo esta posição, teremos que ver se há chance de se construir uma ciência pedagógica, já que a prática pastoral pode ser observada e sistematizada da mesma forma.

O método das ciências naturais não pode ser aplicado no campo da Ciência Pedagógica em razão de o objeto desta última ser constituído por processos de relações humanas que não podem ser tomados de modo objetivo. Aceitando o pressuposto de que não é possível reduzir o ato pedagógico a um objeto quantificável, será preciso, então, considerar a possibilidade de se construir um objeto que possa ser observado e sistematizado, sem que para isso se deva destruir o caráter subjetivo que lhe é inerente.

Um olhar para a prática pedagógica mostra-nos que é possível identificar um objeto que possa ser observado, não à moda das ciências positivas, mas a partir da prática pastoral. Trata-se da relação estabelecida entre o observador e a prática. Esta relação tem origem no momento em que o observador observa a si mesmo, enquanto percebe esse encontro em si mesmo. É um objeto construído pela e na consciência dos observadores quando dialogam.

Trata-se de buscar um método que oportunize ao agente-observador observar a si mesmo, enquanto percebe a relação que se estabelece entre os sujeitos. A questão que se põe é a da possibilidade de se construir um objeto de investigação, embora carregado de subjetividade. Entendemos que o objeto de investigação da ação evangelizadora é a relação que se estabelece entre agente, comunidade e contexto. Mas como flagrar esta relação para transformá-la em objeto de investigação? Esta é uma das questões com a qual o texto irá se ocupar.

Identificado o objeto, podemos construir um método para observar, sistematizar e refletir sobre a ação evangelizadora. Podemos construir uma ciência pastoral sem destruir a subjetividade de que o objeto é portador. E acreditando na possibilidade de uma ciência pastoral, poderemos, então, pormo-nos a caminho para criar uma metodologia que cumpra eficazmente com as exigências do processo de evangelização e que, ao fazer isso, também produza conhecimentos pastorais.

Optamos por abordar as questões que consideramos significativas através de chaves de leitura. Assim, esperamos manter as temáticas em aberto, sem pretender impor uma pretensa posição de verdade absoluta.

A primeira chave de leitura com a qual nos envolveremos é a socioeclesial. Propomos uma leitura da atualidade sob o ponto de vista pastoral e lançamos uma hipótese acerca da relação entre a mudança eclesiológica da Constituição Dogmática *Lumen Gentium* e a do conceito de evangelização.

A segunda chave de leitura é a cristológica. Sugerimos uma revisita à prática de Jesus. Expusemos aí três teses que, a nosso ver, podem ser boas referências para a proposta de ação evangelizadora que subjaz à visão eclesiológica da *Lumen Gentium*.

A terceira chave de leitura é a metodológica. A mudança feita pelo Concílio Vaticano II, em muitos casos e lugares, foi assumida somente no discurso. Uma mudança efetiva da prática implica assumir uma mística pastoral que esteja de acordo com a eclesiologia conciliar. Esta é a tese central da chave de leitura metodológica. Aqui nos ocuparemos, também, com questões práticas de planejamento da ação evangelizadora. A referência para esta reflexão é a organização pastoral de uma paróquia.

Uma quarta chave de leitura trata da contribuição das ciências para a evangelização, notadamente, da pedagogia. Percebemos ali as condições de possibilidade de assumirmos um processo metodológico sistemático, com o necessário rigor científico. É nessa chave de leitura que abordaremos os passos metodológicos da ação evangelizadora, para os quais dedicamos maior atenção.

Por fim, apresentamos a chave de leitura didático-pastoral, que procura expor, brevemente, algumas posturas pastorais.

Tencionamos, com este livro, poder auxiliar os agentes de pastoral com um material de reflexão simples e qualificado.

OS AUTORES

CAPÍTULO 1

Evangelização em chave de leitura socioeclesial

Os tempos mudaram

É comum ouvirmos pessoas idosas comentarem, com certo espanto, que as gerações mais jovens têm transgredido valores que, no seu tempo, eram considerados "sagrados". Houve um tempo em que a autoridade instituída era merecedora de reconhecimento e respeito superiores em relação às pessoas comuns. O pai na família, o professor na escola, o padre na Igreja, o prefeito e o delegado na sociedade gozavam de uma posição privilegiada e dificilmente contestada. A regra era a obediência incondicional às autoridades instituídas. A contestação era exceção, geralmente corrigida com punição. Realmente, os tempos mudaram!

A V Conferência Geral do Episcopado Latino-americano e Caribenho, realizada em Aparecida (SP), em 2007, reconhece que "vivemos uma mudança de época, e seu nível mais profundo é o cultural" (n. 44). Essa mudança de época se faz notar em todos os âmbitos da vida humana.

A humanidade está passando por uma profunda transformação cultural. É como se estivéssemos nos deslocando por uma rodovia com boa visibilidade e, de repente, descesse uma neblina cerrada. O horizonte, antes aberto, se fecha. A velocidade deve ser diminuída. Os faróis, acesos. Os retrovisores, usados com mais frequência. A atenção, redobrada. Os sinais de trânsito, respeitados. O que antes podia ser visto de longe, esconde-se no meio da névoa. Vislumbram-se poucas possibilidades.

Em outras palavras, a mudança de época também exige mudança de atitude e comportamento. Quando baixa a neblina não podemos

9

METODOLOGIA PASTORAL

continuar dirigindo como antes, sob pena de causar acidentes e expor vidas ao perigo. Uma das precauções necessárias é compreendermos esta nova época. Vejamos algumas de suas características.

Até bem pouco tempo o relógio nos ajudava a medir e controlar o tempo. Muito se insistiu na ideia de que as pessoas "eram sujeitos de sua história". Por isso, a história dos nossos antepassados era uma realidade sempre revisitada e revivida. Avós e pais se deleitavam em contar as suas histórias para os netos e filhos. Estes ouviam com reverência e veneração. A tradição era o grande alicerce sobre o qual se erguiam as novas gerações, que, mesmo tendo que migrar para longe de sua terra natal, tratavam de preservar os valores mestres que receberam de seus pais e avós. O futuro era construído sobre um passado sólido.

O tempo da Pós-Modernidade foge do nosso controle. Escapa de nossas mãos e de nossas mentes. É até difícil defini-lo. Ele não tem adjetivos. Apenas é. Diz-se que o tempo é on-line – tempo real. A internet e o celular são os exemplos mais palpáveis da concepção do tempo real. Possibilitam a comunicação instantânea entre pessoas localizadas em extremos opostos do globo. E também a informação, ao vivo, de acontecimentos no mundo inteiro. Temos a oportunidade de nos informar e nos comunicar sem sair do nosso quarto.

Essa transformação da noção de tempo mudou também a noção de espaço. O tempo real exige um espaço virtual, não um espaço histórico. Trabalhadores do mesmo departamento de uma indústria, por exemplo, às vezes muito próximos geograficamente, comunicam-se pela internet. O tempo de sua comunicação é real, mas o espaço é virtual.

As tradições familiar, cultural e religiosa deixaram de ser o alicerce da educação das novas gerações. A cultura das novas gerações já se elabora dentro de um novo espaço, o virtual, e de um novo tempo, o real. No espaço virtual os sujeitos da relação podem manter-se totalmente ocultos. A sociedade como espaço de convivência e construção de limites dá lugar a uma nova sociedade, em que os limites se perdem no horizonte.

Muitos estudiosos dos três últimos séculos, observando a potencialidade industrial e a capacidade humana da liberdade e da autonomia, projetaram para um futuro próximo uma era de bem-estar. Esperava-se que, com o desenvolvimento da ciência da tecnologia, nas mais diversas áreas, a humanidade chegaria, enfim, a uma era de solidariedade. Por isso, boa parte das nações apostou na produção e no desenvolvimento. Mas, ao contrário das projeções, o que vemos é o aumento da desigualdade social, da miséria e da fome. A era da produção deu lugar à era do consumo, sem, contudo, distribuir os bens da humanidade e construir a tão sonhada justiça social.

A mídia educadora

Vivemos, hoje, a era do consumo. Este tornou-se o centro de gravidade em torno do qual as pessoas se localizam e vivem. É uma era em que se precisa de uma massa de consumidores, e não de pessoas capazes de produzir, nem de pessoas livres e conscientes. O meio mais eficiente para formar bons consumidores é a mídia. Ela responde mais eficazmente ao tipo humano desejado pela nova era: o consumidor.

O produto não é mais central para o capitalismo. Central é a cultura que se cria em torno dele. Se observarmos as propagandas, veremos que o que menos interessa é o produto – ele está sempre associado à plena satisfação e felicidade dos seus consumidores. É esta satisfação que se vende.

Passamos de um tipo humano que coloca toda a sua vida à disposição do processo produtivo para um outro que tenta gozar da produção e, para isso, não vê problemas em mercantilizar a si próprio. Um exemplo disso são as meninas adolescentes que dariam tudo para ser capa de uma revista famosa. A maior glória do ser humano, nesta sociedade de consumo, é ser famoso.

As pessoas se sentem realizadas quando podem consumir, mesmo que o consumo seja apenas virtual. Consumir os produtos dos sonhos é o apogeu da satisfação e da felicidade. Basta observarmos o semblante dos que entram e saem dos mercados, lojas e shoppings. Alguns com seus objetos de consumo nas sacolas. Outros com seus desejos acalmados pelo espetáculo virtual das imagens. Na verdade, poucas pessoas podem consumir o que desejam.

Se, de um lado, a coluna medular do capitalismo se desloca para o mercado, virando a mira dos produtores para os consumidores e mergulhando a massa consumidora no mundo da fantasia, de outro, o mesmo sistema pune sem piedade os que fracassam no mundo do trabalho. Uma pesquisa feita no Japão aponta para o surgimento de uma nova categoria de indivíduos, os *hikikomoris*, que são "pessoas reclusas, isoladas da sociedade". Eles somam em torno de 1 milhão de pessoas, 80% homens, metade dos quais tem mais de 30 anos. A grande maioria se isolou da sociedade após experimentar pequenos fracassos, geralmente na vida profissional. Há o caso de um jovem que permaneceu mais de 20 anos trancado em seu quarto, sem sequer abrir a janela. Saía de madrugada para catar ou comprar comida.[1]

As cidades estão cada vez maiores e a infraestrutura urbana beira ao caos. Terra e ar estão congestionados. Aumenta rapidamente o número de idosos, ao passo que diminui drasticamente o número de crianças e jovens. A Terra está mostrando, gradativamente, sinais de exaustão, e a questão ecológica ganha proporção planetária.

Estamos numa fase transitória. A sociedade geme em dores de parto. Que nova cultura nasce? Trata-se aqui de vislumbrar alguns desafios da ação evangelizadora diante desta nova época.

A crise na Igreja

A Conferência de Aparecida contemplou com lucidez essa "nova visão da realidade".

A utilização dos meios de comunicação de massa está introduzindo na sociedade um sentido estético, uma visão a respeito da felicidade, uma percepção da realidade e até uma linguagem, que querem impor-se como autêntica cultura (n. 45).

A Igreja Católica perdeu progressivamente a influência no campo da fé. Emergiu o fenômeno do pluralismo religioso. A religiosidade desponta como mais determinante que a Teologia. A crença se eleva sobre a doutrina e a emoção sobre a razão.

---

[1]   Fonte: revista *Veja*, São Paulo, 14 nov. 2007.

É importante notar que o aspecto religioso não desapareceu. Apenas mudou de forma. Tradicionalmente, eram reconhecidos como sacerdotes os que fossem solenemente instituídos para tal fim. Hoje, os ritos religiosos continuam presentes, mas podem ser feitos pela própria pessoa ou por outra qualquer, mesmo que não se tenha a formação necessária. As autoridades no campo da fé se diluíram.

A mediação das relações humanas não é mais estabelecida somente pelas instituições sociais tradicionais – família, sociedade, Igreja – e pelas autoridades instituídas. Os que nascem neste novo tempo não visualizam centros definidos, instituições bem organizadas, papéis sociais determinados, autoridades preestabelecidas, doutrinas inquestionáveis, verdades perenes. O *uni*verso está cada vez mais *di*verso.

Enfrentamos ainda os conflitos próprios do período de travessia. Há estranhamentos entre papéis que antes eram bem estabelecidos e se relacionavam harmonicamente. O pai estranha o filho que não lhe obedece. O filho estranha o pai que tenta impor-lhe regras. O padre estranha as pessoas que não lhe prestam mais o devido reconhecimento, nem seguem suas pregações e propostas. As pessoas estranham o padre que se comporta como se fosse o "dono da verdade", ou não entende as suas necessidades e sentimentos. As catequistas estranham os catequizandos que vêm obrigados e desinteressados à catequese. Os catequizandos estranham ter de frequentar a catequese, que acham monótona e chata. Os formadores estranham os formandos, que não "têm mais compromisso com a vida comunitária". Os formandos estranham "ter hora para tudo". Os bispos estranham os padres novos, que "não respeitam a autoridade e não assumem a instituição". Os padres novos estranham que os bispos deem tanto valor à instituição e queiram "controlar as suas vidas".

As autoridades não estão definidas e não são necessariamente as instituídas. Um adolescente pode ter mais em conta outro adolescente da sua idade, que não possui reconhecimento público, do que o Papa ou o presidente da República. As autoridades instituídas estão perdendo gradativamente a força de influência sobre as pessoas. Os referenciais de influência se descentraram e se diluíram. É muito difícil dizer quem educa quem, quem exerce influência sobre quem.

O estranhamento, em alguns casos, beira à perplexidade. As novas gerações que estão surgindo nascem e crescem vivendo as vicissitudes e as possibilidades desta nova cultura sem demonstrar interesse pela tradição familiar. Levam a vida segundo as suas necessidades individuais e se dedicam para que sejam supridas. Pelo que os sinais indicam, a nova cultura não se constrói sobre princípios éticos ou religiosos bem definidos. O pai não é mais reconhecido como autoridade somente por ser pai. O padre também não tem a autoridade reconhecida pelas pessoas somente porque exerce uma função importante na Igreja. Os cargos, os títulos e as instituições não representam, necessariamente, autoridade e poder de influência sobre as pessoas.

Mas ainda há muitos agentes de pastoral com uma visão de mundo segundo a qual a sociedade tem instituições e autoridades às quais as pessoas devem se ajustar e respeitar. Para esses, as necessidades são ainda estabelecidas pelas instituições sociais tradicionais; continua valendo, e muito, a autoridade dos "instituídos".

As relações de evangelização correm o risco de mergulhar no vazio. Se os agentes eclesiais continuarem falando e agindo como se as pessoas estivessem predispostas a ouvi-los e segui-los, se continuarem apostando no reconhecimento inquestionável do que dizem e fazem apenas porque são representantes de uma instituição, tenderão a se transformar, cada vez mais, em atores de um espetáculo indesejado.

Urge a construção de um novo modelo de agente de pastoral. O princípio da autoridade, legitimado pela instituição, está sendo questionado em sua base cultural e a teologia que o sustenta parece não mais se justificar nesta nova época. O novo agente pode seguir a intuição da Conferência de Aparecida: o discípulo missionário. Mas isso não acontecerá sem o enfrentamento da crise.

É interessante perceber que a cultura emergente, a princípio, não nega as religiões ou a Igreja Católica, apenas questiona a pretensão de que a verdade esteja presente em uma só instituição ou em cargos institucionais. Portanto, não se trata de abandonarmos nossas fontes: a Sagrada Escritura e a Tradição da Igreja. "Mas a Palavra de Deus não está algemada" (2Tm 2,9). "Pois a Palavra de Deus é viva, eficaz e mais penetrante do que qualquer espada de dois gumes" (Hb 4,12).

Na Modernidade industrial, a Igreja, apesar de ser gradativamente deposta de sua posição hegemônica na sociedade e de seu papel central na formação humana, se comportou como se esta posição ainda fosse sua. É possível ainda encontrarmos padres e agentes de pastoral que fazem discursos questionando a utilização da tecnologia, como, por exemplo, a televisão, o computador e a internet, mas não se dão conta de que eles próprios já não podem prescindir dela. Há inclusive agentes de pastoral que buscam o lazer e o prazer através de meios eletrônicos que eles próprios condenam em suas pregações. Os discursos são relativamente fáceis de serem feitos. O desafio que aí repousa é o de haver coerência entre os discursos e as práticas. Pois as práticas revelam nossa verdadeira espiritualidade.

O que interessa, para nós, aqui é perceber que o conceito de evangelização não sofre uma mudança fundamental em relação ao período medieval, mas apenas acessória, no que concerne aos meios e às técnicas.

A Igreja não só tentou manter-se na sua posição hegemônica, como combateu com todas as suas forças aquilo que denominou "erros modernos". Estes erros são exatamente os que batem de frente com a concepção de mundo e de ser humano da Idade Média: liberdade, igualdade, fraternidade, humanismo, democracia.

Mas à medida que a indústria se expandiu e foi se tornando um ponto-chave da vida social ativa, as pessoas acabaram percebendo que ela é também a salvação. Estar na indústria era estar vivo nas relações sociais, fazer parte do processo produtivo, garantir o mínimo para a sobrevivência. A Igreja viu-se em apuros. Bem ou mal teria de lidar com esse novo sujeito que gradativamente se impunha com mais força social do que a Igreja.

A Igreja contra-atacou pelo menos de dois modos: pela escola e por sua doutrina social. Aumentou o número de congregações religiosas dedicadas à educação. Expandiram-se escolas confessionais. No final do século XIX (1891) o Papa Leão XIII publicou a Encíclica *Rerum Novarum*, que discutia sobre a condição dos operários. Era o prenúncio de uma série de manifestações da Igreja no campo social. O que passou a se denominar Doutrina Social da Igreja.

A Modernidade industrial fez com que a Igreja reiniciasse a sua atuação e presença na sociedade a partir de baixo, muito embora tenha relutado para perceber, admitir e aceitar a sua nova posição social.

A Modernidade foi efetivamente reconhecida com o Concílio Vaticano II, quando o capitalismo já iniciava a curva para sua nova fase. Mas nem bem tínhamos assimilado as mudanças da Modernidade industrial, e já se iniciava uma nova época: a pós-industrial.

Não se trata de pregarmos aqui uma simples adaptação da Igreja à época na qual estamos entrando. A questão que nos parece importante é percebermos, sem falso romantismo, qual a posição social que a Igreja ocupa neste momento – o que demorou a ser feito na Modernidade industrial.

Agir como se tudo o que alguém da Igreja disser será aceito de bom grado e obedientemente tal como aconteceu anteriormente nos parece um erro histórico. A Igreja não é mais a instituição que detém hegemonia sobre a opinião pública. Consideramos que o Vaticano II abriu novas perspectivas eclesiais, ainda válidas para a Modernidade pós-industrial.

À luz do Vaticano II e de *Aparecida*

Em tempos de crise, antes de aumentar a velocidade, é necessário voltar às fontes. O Concílio Ecumênico Vaticano II, talvez o evento mais ousado da Igreja nos últimos mil anos, pretendeu voltar às fontes e repensar a Igreja na Modernidade. Além de propor o *aggiornamento*, a atualização da Igreja em relação à nova época, fez uma mudança eclesiológica fundamental. Algumas de suas conclusões tocaram nos princípios basilares da Igreja, encobertos pela poeira e o mofo da sobrevida da cristandade. Pelo menos três questões apontam para esta mudança:

1. a intenção explícita de recolocar o Reino de Deus no foco central da evangelização;

2. a reconstrução da eclesiologia a partir da ideia da *Igreja Povo de Deus*;

3. o resgate da condição de dignidade e liberdade do Povo de Deus e o sacerdócio comum dos batizados, com especial

destaque para a noção de comunidade sacerdotal de estrutura orgânica.

Disse a *Lumen Gentium*, após citar a Primeira Carta de Pedro 2,9-10, na qual aparece a designação Povo de Deus: "Este *povo* tem como *cabeça* Cristo, por *condição* a dignidade e a liberdade dos filhos de Deus, por *lei* o mandamento novo, de amar, por *finalidade* o Reino de Deus".[2] E, após apresentar o "sacerdócio comum" a todos os batizados, a constituição falou que a comunidade sacerdotal (ou seja, os batizados) possui uma índole sagrada e uma estrutura orgânica.[3]

O *Documento de Aparecida*, n. 138, está em linha direta com o Concílio, quando diz que para

> ficar verdadeiramente parecido com o Mestre, é necessário assumir a centralidade do Mandamento do amor, que ele quis chamar seu e novo: "Amem-se uns aos outros, como eu os amei" (Jo 15,12). Este amor, com a medida de Jesus, com total dom de si, além de ser o diferencial de cada cristão, não pode deixar de ser a característica de sua Igreja, comunidade discípula de Cristo, cujo testemunho de caridade fraterna será o primeiro e principal anúncio: "Todos reconhecerão que sois meus discípulos" (Jo 13,35).

O Vaticano II propôs a toda a Igreja uma mudança, uma transformação. Trata-se de modificar desde a mentalidade pessoal até a organização da evangelização nas comunidades, paróquias e dioceses.

O ser humano vive uma condição de dignidade/liberdade e inconclusibilidade. Está inclinado tanto à autonomia e à responsabilidade quanto à acomodação e à irresponsabilidade. A evangelização, antes de ser uma ação de resgate, é um processo de tomada de decisões que implica necessariamente a renúncia e a doação. O agente de pastoral também está em processo de evangelização. Trata-se de, por Jesus Cristo e no Espírito Santo, testemunhar a vontade do Pai.

A Igreja é o Povo de Deus, ou seja, a comunidade dos batizados que vive exemplarmente a vontade do Pai, buscando incessante e incansavelmente o Reino de Deus. Por esta razão é que se fala em mística como um modo de ser que evangeliza.

---

[2]   *LG*, n. 9 (grifo nosso).

[3]   Cf. *LG*, nn. 10 e 11.

Apesar de o Concílio ter promovido uma mudança na forma de pensar a Igreja, muitas práticas de evangelização, talvez não intencionalmente, continuaram bastante enraizadas na doutrina pré-conciliar. Mudamos os discursos, mas mantivemos o modo de ser anterior. Quer dizer: um discurso teológico-pastoral libertador, alinhado ao Concílio Vaticano II, mas com uma espiritualidade pré-conciliar.

A V Conferência Geral do Episcopado Latino-americano e Caribenho veio em boa hora. Os bispos souberam perceber os apelos clamorosos pela efetiva mudança que estava na corda bamba desde o Vaticano II.

O *Documento de Aparecida* deu um passo decisivo em direção à perspectiva evangelizadora e deixou mais para trás ainda a intenção doutrinadora. É um documento da Igreja e para a Igreja. Sua grandeza está em retomar questões latino-americanas que andavam pelas marginais resistentes, embora não tenha tocado, é verdade, nas questões eclesiais clamorosas do momento: ordenação de mulheres e homens casados; celibato; comunhão dos recasados.

Algumas passagens do texto conclusivo asseguraram a importância do evento no atual contexto socioeclesial. Vejamos:

- comentam-se os males da atual forma de globalização econômica (competitiva e excludente) e se aponta para uma globalização diferente (solidária e voltada ao bem comum);

- os males são identificados no rosto dos sofredores: comunidades indígenas e afro-americanas, mulheres, jovens, pobres, desempregados, migrantes, deslocados, agricultores sem terra; meninos e meninas submetidos à prostituição infantil; crianças vítimas de aborto, dependentes de drogas, pessoas com limitações físicas, portadores e vítimas de enfermidades graves, sequestrados e vítimas de violência; anciãos, presos (cf. *Documento de Aparecida*, n. 65);

- devolve-se a centralidade a Jesus Cristo. Seu nome é uma das palavras mais citadas no documento. Jesus é apresentado na dinâmica da Trindade. Por isso, o foco não é especificamente ele, mas o "projeto trinitário", o Reino de Deus;

- afasta-se, consequentemente, o modelo dos agentes de pastoral: de fiel servidor da Igreja institucional para discípulo missionário. O que é acompanhado da necessidade de "formação" de agentes dentro da nova perspectiva;
- reconhece-se "o outro". "Outro" que não é a Igreja, mas "os outros" que fazem a Igreja. Aqui se destacam os termos mundo, cultura, valor, dignidade, liberdade, mulher.
- transforma-se a metodologia da pregação doutrinadora em diálogo evangelizador. Daí a insistência nas palavras: caminho, processo, diálogo, comunhão, missão, cultura, formação, pastoral, serviço, testemunho;
- fala-se menos na Igreja como instituição e mais na comunidade, no povo, nas populações e no Povo de Deus; menos em obediência e mais em fé;
- insiste-se numa pastoral mais em vista da missão e menos em vista da manutenção.

Por estas e outras proposições, o *Documento de Aparecida* vem sendo uma luz em tempos de crise.

Questões para reflexão

a) Quais as principais mudanças que estamos vendo acontecer em nossa sociedade?

b) O que mudou na relação pais e filhos, professores e alunos, catequistas e catequizandos?

c) Como a Igreja organiza a sua prática pastoral?

d) Como a Igreja está agindo diante das mudanças?

e) Quais são os principais desafios da ação evangelizadora?

f) O que seria um modelo de agente discípulo missionário?

g) O *Documento de Aparecida* diz que a Igreja precisa transformar a pastoral da manutenção em uma pastoral da missão. Como isso é possível aí no seu local de trabalho?

CAPÍTULO 2

Evangelização em chave de leitura cristológica

Pedagogia do caminho[1]

O Concílio Ecumênico Vaticano II, bem como as Conferências Gerais do Episcopado Latino-americano e Caribenho, principalmente as de Medellín (1968), Puebla (1979) e Aparecida (2007), recolocaram a Boa-Nova de Jesus Cristo no centro da missão da Igreja. Torna-se cada vez mais importante para todo o Povo de Deus, especialmente para as lideranças cristãs, conhecer e viver a experiência de Jesus Cristo. Por isso, achamos muito importante inserir neste texto a chave de leitura cristológica. Pretendemos fazer uma leitura da prática de Jesus a partir dos Evangelhos.

Duas observações preliminares se fazem necessárias. A primeira diz respeito às citações bíblicas. Usamos os textos bíblicos tal como traduzidos na *Bíblia de Jerusalém*, sem preocupação direta com a letra do texto, mas sim com o processo de ação que está por trás do conjunto. Nossa intenção, nesse sentido, é bem mais hermenêutico-metodológica que exegética. Cremos ser possível, a partir daí, uma leitura pedagógica dos textos bíblicos.

A segunda consideração refere-se ao termo "caminho". Em Atos dos Apóstolos, encontramos Saulo pedindo permissão ao sumo sacerdote para trazer a Jerusalém – presos – quem encontrasse em Damasco "pertencendo ao *Caminho*, quer homens, quer mulheres" (9,2). O

---

[1] Este texto foi publicado na revista *Caminhando com o Itepa*, com o seguinte título: "Pedagogia do caminho: uma leitura da prática de Jesus". Fizemos revisão e introduzimos algumas alterações.

mesmo livro de Atos narra "um tumulto muito grave a respeito do *Caminho*" (19,23). No Evangelho de João, Jesus se autodenominou "o caminho" (cf. 14,6). Há outros textos do Segundo Testamento que usam a palavra "caminho" com o sentido anunciado nestas citações. Vejam-se, por exemplo, Atos 19,9 e 24,22.

À primeira vista, o termo "caminho" pode ser interpretado como se referindo aos seguidores de Jesus. Mas o fato de não se dizer diretamente "pertencendo a Jesus", e sim "pertencendo ao caminho", deixa transparecer que esse termo ocupa um significado especial. Não é propriamente Jesus que está em relevo aqui, mas o projeto que ele representa. Em outras palavras, os "pertencentes ao caminho" identificam-se com uma proposta de vida, não com uma pessoa. Se quisermos mesmo utilizar a palavra pessoa, temos de usá-la no sentido teológico, como a segunda pessoa da Santíssima Trindade, o Filho, que viveu a natureza humana fazendo a vontade do Pai. Dessa forma, veremos que a missão de Jesus não estava centrada em sua pessoa, mas em uma proposta, o Reino de Deus, e o termo poderia ser referir à mística de Jesus.

Quando usamos o termo "pedagogia do caminho", estamos aludindo aos processos de ação através dos quais podemos perceber tanto a ação pedagógica de Jesus como a proposta que a motiva. Os textos bíblicos, lidos a partir da ótica pedagógica do "caminho", ao nosso ver, podem ser uma referência importante para a metodologia da ação evangelizadora.

Nossa questão fundamental é: Quais os possíveis processos de ação presentes na ação pedagógica de Jesus e que podem nos auxiliar, atualmente, na ação evangelizadora? Partimos da possibilidade de ver na prática evangelizadora de Jesus uma pedagogia. Mas cabe dizer que Jesus não tinha a preocupação direta de formular uma teoria da educação. Isso, porém, a nosso ver, não anula a probabilidade de, a partir da análise da prática de Jesus, percebermos uma determinada pedagogia. Nosso pressuposto é de que em toda a prática há uma teoria (ou teorias) implícita.

Propomos a pedagogia do caminho em três dimensões, acompanhadas de três teses, a saber: *dimensão da encarnação*, com a tese: *o aprofundamento na condição humana é condição de possibilidade da encarnação da Palavra; dimensão da missão,* com a tese: *a finalidade de nossa missão tem de estar de alguma forma presente no processo de ação que realizamos; dimensão da ressurreição,* com a tese: *a doação total no serviço à vontade do Pai corresponde à total realização da condição humana.*

Pedagogia da encarnação

Ao se revelar, Deus se expôs à pedagogia e assumiu uma pedagogia própria. Ele quis tornar-se humano. Do ponto de vista pedagógico, esse fato não se deve a um Deus com segundas intenções, mas a um Deus que decide encarnar-se. A intenção divina é, simplesmente, "tornar-se humano". A partir daí, enfrenta a liberdade como qualquer outro ser humano. Talvez esteja aqui uma das possibilidades de perceber a dimensão pedagógica da Palavra. Sendo pedagogia, é dinâmica e contraditória, como a história e a vida humana. A Teologia, enquanto palavra sobre a revelação, inteligência da fé, tem uma dimensão pedagógica.

A tese fundamental da pedagogia da encarnação é: *o aprofundamento na condição humana é condição de possibilidade da encarnação da Palavra.*

"E o Verbo se fez carne, e habitou entre nós" (Jo 1,14a). Ao fazer-se carne, a Palavra assumiu a condição humana (cf. Fl 2,6-11). Cristo quis ser Jesus, Palavra feita carne. Uma lógica à primeira vista arbitrária – sendo Deus, quis ser humano. Esta é uma tensão pedagógica constante nos Evangelhos. De um lado, Jesus mesmo enfrenta esta tensão – vejam-se, por exemplo, as tentações – e, de outro, as pessoas querem fazer de Jesus um deus.[2]

Deus encarna-se cada vez mais profundamente no humano. O humano vive a tentação de querer ser como Deus. O que tem a ensinar um Deus com lógica arbitrária aos seres, que, sendo humanos, procuram (muitos deles) viver como se fossem deuses?

---

[2] Usamos o termo com letra minúscula, pois a palavra deus, aqui, se refere a um ídolo.

O texto referencial aqui é Lucas 1,26-38, o conhecido texto da Anunciação. Vamos analisá-lo em partes para facilitar a abordagem e a compreensão.

O anjo entrou onde a mulher[3] estava. Podemos entender isso de dois modos: a) como um pedido de permissão para ocupar um espaço não diretamente acessível, um espaço privado. É como quando estamos para entrar na casa de alguém: pedimos licença. Deus pede licença aos seres humanos para entrar na humanidade; b) como a escolha da via humana: Deus quer ser humano pelo caminho ordinário – "em tudo humano". Desde aí, a Palavra assume a perfectibilidade humana. É uma Palavra exposta às interpretações e, por isso, envolvida com a ética, a cultura, a política, a pedagogia etc. É Palavra divina pronunciada humanamente e, por isso, também sujeita às muitas possibilidades de experiência e compreensão. Eis a riqueza do Verbo: se dá e se faz entender a todas as formas de vida humana.

O anjo saúda a mulher. A saudação do anjo beira ao estranho. Seria de esperar uma proposta mais vigorosa, algo como: "alegra-te, tu *ficarás* cheia graça, o Senhor *virá* a ti!" – revelando, assim, um Deus que, de fora da condição humana, concede a graça como prêmio por uma boa ação. Teríamos um sujeito divino e um objeto humano. Mas a saudação segue a lógica da encarnação. O anjo saúda a mulher como "cheia de graça", portadora do Senhor. Ao fazer isso, reconhece um potencial pedagógico somente presente na mulher. Essa é uma das condições pedagógicas que possibilitará a ela a liberdade de decidir. A mulher é, efetivamente, sujeito portador da graça e "dona" da sua palavra. Por esse gesto o anjo abre as portas para que Maria exerça a sua condição humana e exponha a sua palavra.

A saudação deixa a mulher intrigada. É uma provocação. É bem possível que ela, mulher e pobre – dois motivos de malquerer naquele tempo –, não se sentisse nem cheia de graça nem portadora do Senhor – pelo menos não era dessa forma que alguns setores impor-

---

[3] Usamos o termo "mulher" em vez de Maria, pois pretendemos enfatizar a questão da condição humana. Assim como em Gênesis 1,27 se diz: "homem e mulher ele os criou".

tantes da sociedade judaica daquele tempo viam a mulher. A mulher pensa e queria entender. Esta é, considerando a lei judaica daquele tempo, outra arbitrariedade. À mulher não cabia pensar, entender e atribuir significado. Além de sujeito da graça, a mulher torna-se agente da graça – atuante na graça. Na graça de Deus, ela encontra espaço para ser mulher.

O anjo e a mulher dialogam. O anjo procura apresentar a proposta. A mulher procura entender e fez perguntas. A condição do diálogo se dá no reconhecimento e no respeito, de forma que a proposta do anjo não consiste num autoritário "tu deves"; e a resposta da mulher não é um constrangido "sim, senhor". Ela indagou sobre as condições de possibilidade: "Como isso é possível?". O anjo detém-se na apresentação da proposta e no auxílio à compreensão. A encarnação da Palavra é uma construção dialógica em que os sujeitos estão dispostos a colocar em questão as suas próprias certezas. Isso somente é possível se estivermos pré-disponíveis a compreender a palavra do outro como significante. A palavra do outro é o seu próprio lugar, expressa os seus sentidos, a sua própria condição – ponto de partida necessário para um processo de transformação.

A decisão é da mulher. Ela mesma interpreta a graça e a presença do Senhor como serviço. Além disso, assume a arbitrariedade de Deus, respondendo por si mesma – para uma mulher da época isso era impensável. Diante do mensageiro de Deus, a mulher pôde dizer: "Faça-se em mim segundo a tua palavra". Com a sua própria palavra Maria opta por acolher e realizar o Verbo de Deus.

E o anjo a deixou. O texto termina confirmando a autoridade da resposta da mulher.

Há dois sujeitos de igual importância na pedagogia da encarnação: Deus e a mulher (humanidade). A encarnação se torna possível pela proposta de Deus, pela construção dialógica das condições de possibilidade de sua realização e pela resposta livre da humanidade. O processo de ação na pedagogia da encarnação é guiado pelo diálogo. Pedagogicamente, somente é possível falar em encarnação do Verbo na relação dialógica. Caso contrário, o Verbo não se encarnaria. O Verbo de Deus é livre, assim como o ser humano é livre.

METODOLOGIA PASTORAL

Questões para reflexão

a) Como são as nossas relações evangelizadoras?

b) Na evangelização, as pessoas têm espaço para expor a sua palavra?

c) Ao observarmos as nossas práticas pastorais, percebemos que elas possibilitam a experiência da encarnação da Palavra de Deus?

Pedagogia da missão

Para compreendermos a pedagogia da missão, não podemos perder de vista a pedagogia da encarnação. Considerando a pedagogia da encarnação, propomos aqui a seguinte tese: *a finalidade de nossa missão tem de estar de alguma forma presente no processo de ação que realizamos.*

O motivo central da missão de Jesus é realizar a vontade daquele que o enviou: "seja feita a tua vontade, não a minha". Não há necessidade de justificar esta ideia do ponto de vista doutrinal. Pretendemos fazê-lo do ponto de vista pedagógico. A questão pedagógica fundamental é que Jesus tem de fazer a vontade de Deus como ser humano, não como Deus. Em outras palavras, precisa discernir a vontade de Deus nos sinais dos tempos, na história, no mundo e na realidade como qualquer outro ser humano. Jesus não sabia antecipadamente o que iria acontecer para programar sua ação de forma a guiar os fatos, magicamente, para a vontade do Pai. Aprofundava-se na realidade, para, compreendendo-a, decidir sobre suas ações, segundo o objetivo de sua missão. A pedagogia da encarnação se prolonga na pedagogia da missão. Conhecer e realizar a vontade de Deus é a dupla tarefa da missão de Jesus e aí se encontra, também, seu sentido teológico-pedagógico.

O processo pedagógico da missão de Jesus tem, pelo menos, quatro âmbitos de ação intimamente ligados: consigo mesmo, com os discípulos, com o povo (pessoa, comunidade e multidão) e com os adversários. A ordem do texto seguirá a sequência destes pontos. Mas convém dizer que a ordem dos âmbitos não quer apontar para um progresso cronológico e gradual na missão de Jesus. É possível perceber, porém, espaços privilegiados em que cada um deles aparece com maior ênfase.

Missão de Jesus consigo mesmo

O exemplo mais impressionante desse âmbito de ação são as orações de Jesus. Seguidamente Jesus se acha em oração: sozinho, com os discípulos, em lugar deserto, em meio à multidão... De muitas das orações de Jesus não conhecemos o conteúdo. Mas numa dessas ocasiões "ele orava em particular, cercado dos discípulos" (Lc 9,18) e, inesperadamente, pergunta: "Quem sou eu, no dizer das multidões?". Daí podemos deduzir que o conteúdo fundamental de sua oração era a sua missão. O episódio das tentações do deserto, no início de sua missão, e a oração no Monte das Oliveiras, no final, também creditam esta ideia. Tomamos como referência esta última.

Jesus vai ao Monte das Oliveiras. Não pretende fugir, ao contrário, busca um lugar em que possa colocar-se inteiramente diante de sua missão. Esta é a primeira dimensão do distanciamento: distanciar-se do processo de ação cotidiana – daqueles que veem a missão a partir das atividades isoladas. Tal distanciamento é pedagógico em dois sentidos: em primeiro lugar, porque evidencia a necessidade de tomar certa distância do cotidiano da missão; em segundo lugar, porque a distância permite pensar melhor, aprofundar-se, buscar o sentido, meditar. Jesus afasta-se para pensar a missão e melhor conduzi-la.

Isola-se dos discípulos. É necessário olhar para si mesmo, para a sua vontade, para o objetivo de sua missão. Esta é uma segunda dimensão do distanciamento: distanciar-se dos seguidores – daqueles que veem a missão de Jesus a partir do conjunto de suas práticas. O grupo e a comunidade podem, às vezes, motivar atitudes e decisões precipitadas, sem reflexão profunda. Por isso, é necessário distanciar-se e ficar só. A opção, em última instância, é pessoal e tem de ser motivada pela liberdade, não pela coação.

Não pretendemos com isso dizer que devemos tomar decisões individuais, mas insistir na necessidade de confrontar as práticas realizadas e as decisões a serem tomadas com a motivação essencial da missão: a vontade de Deus. Isto vale também para as pastorais, os grupos e comunidades. O distanciamento, nesse caso, é uma atitude epistemológica de quem, conscientemente, deseja conhecer para melhor agir; não de quem pretende abandonar.

Dobra os joelhos. Este gesto revela a intensidade e a profundidade do ato de avaliar e reorientar a prática evangelizadora a partir de sua motivação fundamental: a vontade do Pai.

Expressa sua vontade de modo propositivo: "Pai, se queres, afasta de mim este cálice! Contudo, não a minha vontade, mas a tua seja feita!" (Lc 22,42). A decisão a ser tomada envolve possibilidades. Jesus tem de escolher. E, para tanto, busca critérios. Está disposto a fazer da vontade de Deus o seu critério fundamental. Mas esta atitude traz consequências. Por isso, a angústia de Jesus e o silêncio de Deus. Isto aponta, de um lado, para a liberdade de Jesus e, de outro, para o tipo de autoridade de Deus. Há uma relação entre a liberdade de Jesus e a autoridade do Pai. É tamanha a liberdade de Jesus que o Pai não interfere, apesar da insistência de Jesus. A autoridade do Pai aparece na vontade propositiva, não arbitrária ou autoritária. É Jesus, no final das contas, quem propõe que seja realizada a vontade do Pai. Está aqui, mais uma vez, a presença do sentido teológico-pedagógico da encarnação no interior da pedagogia da missão: a proposta de Deus, o diálogo e a livre resposta humana.

Enche-se de angústia e insiste, de modo a suar sangue, mas Deus não decide por ele. As expressões "angústia" e "suar sangue" enfatizam quanto Jesus estava, de um lado, aprofundado na condição humana e, de outro, comprometido com a vontade do Pai, razão de sua missão. Poderia muito bem abandoná-la. Ele próprio afastaria de si o cálice. Esta seria uma possibilidade efetiva da sua liberdade. A responsabilidade recai sobre Jesus. Ou seja, sua liberdade implica a consequente responsabilidade.

Tanto antes de distanciar-se para rezar isoladamente, como quando voltou para junto dos discípulos, Jesus expressou: "Orai para não entrardes em tentação". Os discípulos dormiram. O sentido pedagógico da oração parece ter ficado evidente: a oração é um encontro recriativo com a prática evangelizadora a partir da razão fundamental da missão.

EVANGELIZAÇÃO EM CHAVE DE LEITURA CRISTOLÓGICA

Mas o que dizer do sentido pedagógico da tentação? Parece indicar as possibilidades de equívocos a que uma prática irrefletida e não meditada conduz. A tentação, pedagogicamente falando, é a dissimulação da liberdade em licenciosidade ou da autoridade em autoritarismo. Em ambas, a tentativa é atribuir a razão a outrem e se eximir da responsabilidade.

O processo pedagógico consigo mesmo é feito de uma tensão: distanciamento-aproximação. Ao distanciar-se da prática evangelizadora cotidiana, Jesus cria condições de aproximar-se e aprofundar-se cada vez mais nela, sendo testemunha da vontade do Pai. A oração, nesse aspecto, é encontro da nossa missão com a vontade de Deus.

Missão de Jesus com os discípulos

Em várias passagens dos textos evangélicos Jesus justificou suas ações dizendo, "fiz isto para que vocês...". Este "vocês" se refere aos discípulos. Jesus tem a intenção explícita de formar os seus discípulos. A missão de formação dos discípulos se dá na própria ação, através da escuta, do convite, da explicação, da interpelação, da oração, da celebração, da prática. Vejamos alguns aspectos importantes deste processo.

Convite. Há convites bem diretos e sem rodeios. É o caso dos quatro primeiros discípulos – Simão, André, Tiago e João – no Evangelho de Marcos 1,16-20. Há convites indiretos. No Evangelho de João é Filipe quem convida Natanael, e é deste que sai a frase: "De Nazaré pode sair algo de bom?" (Jo 1,46). "Vem e vê", responde Filipe. Há convites espontâneos. Melhor dizendo, alguns se autoconvidam. Para estes é preciso questionamento. Exemplo disso são os dois discípulos de João Batista que seguem Jesus sem serem convidados (cf. Jo 1,36-39). Jesus é quem pergunta: "Que estais procurando?". "Vinde e vede", diz Jesus.

O convite é para o seguimento. Portanto, um convite aberto para um caminho a ser feito. A resposta "vinde e vede", dada por Jesus e também por Filipe, aponta para o conhecimento e formação experienciais. "Ver" pode ser entendido como uma forma de provar, em dois sentidos: em primeiro lugar, tem o sentido de comprovação – aquilo

METODOLOGIA PASTORAL

que se propôs é real, concreto, existente e pode ser visto; em segundo lugar, tem o sentido de experiência, degustação: *"provai e vede* como o Senhor é bom". Desse modo, o convite não tem caráter normativo, mas propositivo e, além disso, exige a participação do convidado naquilo que será realizado.

Escolha. Se o convite aparece como algo mais rápido e normal, com a escolha não acontece o mesmo. Antes da escolha dos Doze, Jesus foi para a montanha e passou a noite inteira em oração (cf. Lc 6,12-16). A escolha exige reflexão, meditação e o confronto com os critérios da missão. Escolher é algo mais exigente que convidar.

Envio. Quando confiou a missão aos Doze e aos setenta e dois, Jesus deu várias instruções. Iniciou-se, então, o processo formal de formação dos discípulos.

Formação. O processo de formação dos discípulos é gradual e permanente. Inicialmente eles acompanham a missão de Jesus. A proposta do seguimento carrega junto dela a exigência de estar a caminho, junto com Jesus. O aprendizado vai-se dando na presença, na observação, na escuta, na pergunta, na revelação do que pensam, no conhecimento da ação do enviado do Pai. O próprio Jesus repete constantemente que sua missão é fazer a vontade do Pai. É o sentido da missão que motiva o processo de formação. O significado da relação de Jesus com o Pai está presente também na relação de Jesus com os discípulos ("Quem me vê, vê o Pai"). Os discípulos pertencem ao caminho à medida que vivenciam a missão. Por isso, aquilo que Jesus exige de si mesmo na relação com o Pai exige também dos discípulos, provocando-os, contrariando-os, ensinando-os, deixando-os a sós, confiando a eles a missão, avaliando a prática.

Em síntese, há um processo gradativo e criterioso. O convite é aberto, mas já supõe questionamento. A escolha é mais cuidadosa e exige critérios. Os critérios estão diretamente relacionados à missão. Valem tanto para Jesus como para os discípulos. O envio presume instrução. Os que optam pelo seguimento e são escolhidos, instruídos e enviados estão constantemente à prova dos critérios da missão. O planejamento e a avaliação tornam-se práticas cotidianas e continuadas.

Missão de Jesus com o povo

Podemos diferenciar pelo menos três âmbitos de ação na missão de Jesus com o povo: a pessoa, a comunidade e a multidão. Com a pessoa, Jesus dialoga, compreende, deixa-se tocar pelas necessidades, liberta. Com a comunidade, Jesus confronta as vontades e tendências com os critérios da missão. Com a multidão, Jesus age pelo envolvimento, através de símbolos e parábolas. Trataremos, brevemente, de cada âmbito.

A pessoa. O texto escolhido aqui é o de Marcos 7,24-30, da mulher siro-fenícia, de cultura grega. Os fatores que motivaram a escolha deste texto foram: a pessoa é uma mulher de outra cultura; quer que Jesus expulse o demônio de sua filha; atira-se aos pés de Jesus como que se submetendo a ele para que o mal da filha seja solucionado.

À primeira vista, a resposta de Jesus segue uma lei judaica daquele tempo, que não via com bons olhos os estrangeiros. "Deixa que primeiro os filhos se saciem porque não é bom tirar o pão dos filhos e atirá-lo aos cachorrinhos" (v. 27). Isto parece apontar para a tensão a que Jesus estava exposto: entre a tradição cultural-religiosa (lei judaica) e a vontade do Pai. Mas, além disso, é importante atentarmos para o gesto da mulher. O gesto de atirar-se aos pés pode revelar, pelo menos, duas outras questões importantes: a) a mulher estaria reconhecendo em Jesus e na sua cultura uma autoridade (o reconhecimento do outro é uma das condições fundamentais para que aconteça o diálogo); b) estaria prevendo a possível rejeição de Jesus por causa da lei judaica em relação aos estrangeiros e à mulher, o que o levaria de antemão a julgá-la como inferior. A mulher concorda em partes com Jesus ("É verdade, Senhor..."), mas não desiste. Propõe uma outra leitura: "também os cachorrinhos comem, debaixo da mesa, as migalhas das crianças" (v. 28). Jesus, mesmo assim, usa do argumento da lei. E isto também tem significado pedagógico: a) a mulher tem de assumir a sua cultura; b) é a partir dela que compreenderá a necessidade da sua filha. O gesto de pôr-se aos pés poderia significar, também, submissão. A mulher estrangeira, implorando pela filha, representa uma cultura de resistência. Nesse caso, a submissão não seria um ato voluntário de aceitação da condição oprimida. Forçada pela circunstância e pela necessidade, ela

METODOLOGIA PASTORAL

submete-se para garantir a vida de sua filha. É a atitude extrema e dramática motivada pela situação, em que a única forma de viver é dar ao opressor a sensação de que domina.

Há, aqui, o confronto entre a necessidade, apresentada por uma mulher estrangeira, e a lei. Jesus não usa palavras diretas, e isto parece apontar para sua sensibilidade em relação à necessidade exposta. Jesus não submete a mulher por causa de sua necessidade. Mas, tampouco, deixa de indagá-la, indicando para um impedimento legal. A insistência no diálogo, tanto de Jesus como da mulher, foi fundamental para o desfecho desse fato. Jesus diz: "Pelo que disseste, vai: o demônio saiu da tua filha" (v. 29).

Jesus age com a pessoa considerando a necessidade, a cultura, a lei, a palavra e o critério fundamental da sua missão: a vontade do Pai. Mas, assim como não ganha do Pai as decisões e nem permanece ligado a ele por relações opressoras, propõe-se a construir, através do diálogo, critérios com as pessoas, para que possam decidir por si mesmas.

A comunidade. O texto referencial aqui é do Evangelho de João, capítulo 11. O contexto é a morte de Lázaro. Marta, Maria e a comunidade de Betânia estão mergulhadas no problema.

Jesus recebe a notícia da morte de seu amigo num momento em que se encontrava longe da comunidade, "no outro lado do Jordão". Permanece ainda dois dias aí, e somente depois conta a notícia aos discípulos. Betânia fica na Judeia, onde Jesus teve conflitos com os judeus que tentaram apedrejá-lo (Jo 10,31) e prendê-lo (Jo 10,39). Os discípulos tentam impedi-lo sob a justificativa de que correria perigo de morte e que, por isso, era inconveniente ir visitar a comunidade. Novamente Jesus precisa tomar uma decisão. "Vamos outra vez até a Judeia." Os discípulos argumentam contra, implorando pela vida de Jesus (Jo 11,8). Ele, porém, tem de tomar a decisão a partir da referência de sua missão. Sendo assim decide, contra a vontade dos discípulos, ir a Betânia, na Judeia.

Há judeus na comunidade de Betânia. O texto diz que estão consolando Marta e Maria, as irmãs de Lázaro. O critério utilizado pelos judeus, para estar na comunidade, é o consolo. A forma de presença dos judeus é confortante, mas não transforma a situação caótica em que vive a comunidade.

A ação de Jesus na comunidade revela alguns aspectos que reforçam sua missão com a pessoa e outros que vão além. Vejamos.

Opção. Jesus poderia ter decidido aceitar a sugestão dos discípulos. A opção de Jesus nesse texto apresenta duas dimensões. A primeira delas está ligada à própria razão de ser da sua missão: é a vontade do Pai que motiva sua decisão. A segunda dimensão concretiza a primeira: fazer a vontade do Pai de modo enraizado na condição humana. Está convicto de que há possibilidade de vida, mas isto não depende exclusivamente de si mesmo. É necessário que a comunidade participe efetivamente da solução do problema que enfrenta. Jesus tem, pelo menos, quatro motivações pedagógicas: a problemática enfrentada pela comunidade; a formação dos discípulos; a presença dos judeus e a necessidade de envolver a comunidade, pois, no final das contas, será ela a verdadeira agente da evangelização.

De um lado, sofrendo a dor da morte, de outro, sendo consolada pelos judeus, a comunidade não está em condições de perceber os fatos de modo diferente. A comunidade crê na ressurreição (v. 24) e, também, que Jesus é o Cristo (v. 27). Mas ainda não tem autonomia para levar adiante a proposta. Ao mesmo tempo que demonstram esperança, Marta e Maria queixam-se da ausência de Jesus (vv. 21 e 32). Podemos interpretar a morte de Lázaro como a morte da proposta de vida anunciada por Jesus. Por isso, Marta e Maria se apressam em dizer: "se tivesses estado aqui, meu irmão não teria morrido".

A missão, na comunidade, ainda depende muito da pessoa, não da proposta. O critério, nesse caso, é a autoridade pessoal. O modo de agir de Jesus vai mostrando aos discípulos e à comunidade que a autoridade não está na sua pessoa, mas na proposta que motiva a sua ação.

Encontro. É interessante observar que, para ir até Betânia, Jesus teve que romper com a visão dos discípulos. Certamente, eles não estavam dispostos a arriscar sua pele. É muito mais cômodo olhar de longe e repetir as velhas fórmulas do que se arriscar na construção do novo. É bem provável que os discípulos não se tenham convencido somente com a argumentação de Jesus, no outro lado do Jordão. Coube a Tomé dizer aos outros discípulos: "Vamos também nós, para morrermos com ele!". Esta afirmação é dúbia. Está se referindo a Jesus ou a Lázaro

METODOLOGIA PASTORAL

(comunidade de Betânia)? Os discípulos irão aprender com o processo todo. Indo ao encontro, Jesus provoca a reação de Marta, que se levanta e faz o mesmo. Jesus tem a necessidade de compreender o que se passa na comunidade. A comunidade necessita falar o que sente, partilhar sua vida, suas carências e angústias. Para isso é preciso encontrar-se.

Compreensão. Primeiro Jesus ouve a comunidade – Marta e Maria. Depois vai até o túmulo. Junto ao túmulo, comove-se. Chora. A capacidade de Jesus de colocar-se no lugar dos outros é tamanha que parece sofrer mais que as próprias pessoas enlutadas. Notemos que Marta e Maria não choraram.

Provocação. "Retirai a pedra!" A própria comunidade é quem desenterra seu "problema" e trata dele, a partir da experiência de encontro com Jesus.

Oração. A oração de Jesus, já o dissemos, é motivada por sua missão. Revela a convicção de sua fé nas potencialidades da comunidade e, ao mesmo tempo, é um sinal para que as pessoas acreditem.

Libertação e missão. Jesus pede a Lázaro para sair. Faz uma proposta. A comunidade deve responder pela ação e participar do processo de sua libertação. Lázaro sai. Então os companheiros de comunidade desatam seus pés e mãos. O texto não diz que ele enfim foi libertado, porque a libertação é um processo permanente. O texto termina assim: "deixai-o ir".

A multidão. Vamos tomar como referência o texto de Marcos 6,30-44, a partilha dos pães. É importante dizer que a ação de Jesus com a multidão acontece de muitas outras formas. A parábola, por exemplo, é outro modo de ação privilegiado de Jesus com a multidão. A opção que fazemos não quer indicar maior importância de um ou outro modo de ação. Escolhemos este texto por representar, ao mesmo tempo, ocasião de ensinamento à multidão e aos discípulos diante de uma necessidade vital.

O texto inicia dizendo que os "apóstolos reuniram-se a Jesus e contaram-lhe tudo o que tinham feito e ensinado". Jesus, então, convida-os para ir descansar, em um lugar deserto. Podemos perceber que esta é uma das práticas de Jesus: depois de uma intensa missão vai a um lugar deserto para descansar, rezar, avaliar e reencaminhar a missão

– é o confronto da missão com a vontade do Pai. Os discípulos estão seguindo os mesmos passos. Nesse dia, porém, não pôde ser assim. A multidão os seguiu.

A constatação de Jesus, ao ver a multidão, é dramática. Tomado de compaixão, diz: estão "como ovelhas sem pastor" (v. 34b). O texto segue dizendo que Jesus ensinou muitas coisas, mas não fala uma palavra sobre o conteúdo desse ensinamento. Talvez isso mostre que o ponto central, nesse caso, não está naquilo que Jesus ensina através das palavras. Pedagogicamente há dois focos de ação: um que visa aos discípulos, outro à multidão.

A hora avança e os discípulos interferem. Somente neste ponto entram os discípulos e, justamente, para pedir que Jesus dispense a multidão a fim de que ela busque alimento nas redondezas. A resposta de Jesus é a seguinte: "Dai-lhes vós mesmos de comer". Jesus envolve os discípulos no problema. Têm de pensar, eles mesmos, nesse problema diante da multidão. Como? A resposta imediata e sem reflexão segue a lógica assistencialista. "Iremos nós e compraremos duzentos denários de pão para dar-lhes de comer?" (v. 37). Esta seria mesmo uma das possibilidades de resolver o problema que eles – os discípulos – estavam enfrentando naquela situação. Mas não resolveria o problema da multidão, e os discípulos nem mesmo haviam se perguntado sobre os critérios da missão. Os discípulos não tomaram como referência de sua ação a vontade do Pai; lançaram mão do mesmo instrumento do império. Começa, então, através da ação de Jesus, a formação dos discípulos e, também, da multidão: a organização dos grupos de convivas e a partilha dos bens. Todos ficaram saciados. Jesus, então, força os discípulos a irem para a outra margem e vai à montanha para rezar (vv. 45 e 46).

A missão de Jesus com os adversários

Adversários, no sentido em que viemos dando à prática pedagógica de Jesus, são os que atuam contra a vontade do Pai, e não os que se mostram contrários às ideias de Jesus. Ele próprio tinha a sensibilidade de mudar, quando percebia que suas ações e ideias não correspondiam ao critério da sua missão. O critério fundamental da missão de Jesus vale tanto para si mesmo, os discípulos e a comunidade, quanto para os adversários. Tomemos como referência a relação de Jesus com os fariseus – grupo leigo que se pretendia melhor representante da vivência da lei. O texto de referência é Marcos 7,1-13.

Fariseus e escribas "vindos de Jerusalém" colocam-se em volta de Jesus. O motivo que os leva a tomar esta atitude é devido ao fato de os discípulos de Jesus não seguirem os costumes judaicos quanto aos cuidados com a refeição. A pergunta é direta: "Por que não se comportam os teus discípulos segundo a tradição dos antigos, mas comem o pão com mãos impuras?" (v. 5). A "tradição dos antigos" é posta pelos fariseus como um valor inquestionável. Esperam uma explicação. Jesus os põe à prova questionando o valor quase sagrado de alguns costumes da tradição. E o faz apelando para os profetas, um dos pilares da tradição judaica. Em seguida, Jesus mostra que eles mesmos, os irrepreensíveis diante da lei, deixam os mandamentos de lado quando isto os beneficia. Termina mostrando que há uma contradição na própria postura dos fariseus: "invalidais a Palavra de Deus pela tradição que transmitis". Depois, Jesus volta-se para a multidão e lhe ensina.

Com os fariseus, grupo letrado, Jesus atua através de um processo argumentativo, utilizando-se da lei e dos profetas.

Pedagogia da ressurreição

Quando tratamos do sentido teológico-pedagógico da encarnação, indicamos o texto de Filipenses 2,6-11, embora não o tenhamos abordado. Tomemo-lo como referência aqui. A pedagogia da ressurreição, repetimos, tem de ser compreendida em relação com a pedagogia da encarnação e com a pedagogia da missão.

A tese central da pedagogia da ressurreição é: *a doação total no serviço à vontade do Pai corresponde à total realização da condição humana*.

Não há relato bíblico que mostre o processo de ação na ressurreição de Jesus. Ele simplesmente aparece ressuscitado. A Palavra se fez carne. A carne se fez alimento. Palavra e carne, por um momento, se fazem silêncio.

Dos versículos 6 a 8, temos o movimento de encarnação. O sujeito é Jesus e o movimento é de aprofundamento na condição humana. Vale transcrever o texto, por sua beleza e precisão:

> Ele tinha a condição divina, e não considerou o ser igual a Deus como algo a que se apegar ciosamente. Mas esvaziou-se a si mesmo, e assumiu a condição de servo, tornando a semelhança humana. E, achado em figura de homem, humilhou-se e foi obediente até a morte, e morte de cruz!

Dos versículos 9 a 11, temos o movimento de glorificação. O sujeito é o próprio Deus, e o movimento é de elevação.

> Por isso, Deus o sobreexaltou grandemente e o agraciou com o Nome que é sobre todo o nome, para que, ao nome de Jesus, *se dobre todo joelho* dos seres celestes, dos terrestres e dos que vivem sob a terra, e, para glória de Deus, o Pai [...]

O texto forma um conjunto de tal modo organizado que os movimentos são interimplicativos. O "por isso" aponta para esta interimplicação. A pedagogia da ressureição é uma pedagogia paradoxal, mas não contraditória. O esvaziamento total identifica-se com a total realização. É aqui que a pedagogia da encarnação e a pedagogia da missão encontram termo, embora não cheguem ao ponto final. A prática evangelizadora ganha sentido porque é destituída de segundas intenções. A intenção da ação se realiza na própria ação. Não fazemos isto para... Mas fazemos isto porque...

Retomemos a questão da segunda parte do objetivo proposto no início deste texto, a saber, as condições de possibilidade de percebermos na pedagogia do caminho orientações metodológicas para a ação evangelizadora.

Os leitores e as leitoras devem ter percebido que, no interior do texto, trabalhamos três teses fundamentais nas três dimensões específicas, quais sejam: 1) *dimensão encarnação*, com a tese: *o aprofundamento na condição humana é condição de possibilidade da encarnação da Palavra*; 2) *dimensão missão*, com a tese: *a finalidade de nossa missão tem de estar de alguma forma presente no processo de ação que realizamos*; 3) *dimensão ressurreição*, com a tese: *a doação total no serviço à vontade do Pai corresponde à total realização da condição humana*. Utilizamos textos bíblicos para detalhar

METODOLOGIA PASTORAL

cada dimensão, apontando alguns aspectos pedagógicos em cada uma das três teses.

Poderíamos, agora, retomar as três teses e tentar apresentar orientações para a ação evangelizadora. Seria um empreendimento possível, porém, arriscado. Sem relação direta com a prática, dever-se-ia forçar o texto e instrumentalizar as proposições. Esta tarefa será muito mais fecunda se realizada a partir da própria prática de evangelização. Deixamos, por isso, esta sugestão aos agentes de evangelização que, porventura, tiverem contato com este texto. A possível hipótese que poderia fundamentar a reflexão da prática evangelizadora a partir da ação pedagógica de Jesus pode ser assim expressa: guiada pelo diálogo, a ação pedagógica de Jesus pretende que as pessoas respondam por si próprias à proposta do Reino de Deus.

Questões para reflexão

a) Jesus tinha estratégias de ação diferenciadas de acordo com o universo humano com o qual se envolvia. Observando a nossa própria prática: como agimos com a pessoa? Como agimos com a comunidade? Como agimos com as multidões? Como agimos com os adversários?

b) Quais são os principais ensinamentos da pedagogia de Jesus?

c) Qual é a finalidade da nossa missão?

CAPÍTULO 3

Evangelização em chave de leitura metodológica

Houve, após o Concílio, uma avalanche de estudos e publicações sobre as novas perspectivas teológico-pastorais da Igreja. A mudança haveria de ir acontecendo, pois os quadros da Igreja de então foram preparados na perspectiva teológico-pastoral pré-conciliar. Com uma metodologia fundamentada na doutrina pré-conciliar, os agentes condutores da evangelização viram-se diante de uma nova visão de Igreja, e tendo que dar conta dela na sua atuação pastoral.

Em muitos casos, a pastoral continuou sendo doutrinadora. Mudou apenas o conteúdo da doutrina. Por exemplo: se no período pré-conciliar o agente afirmava, por sua pregação, que os fiéis deviam se submeter às autoridades, agora, no pós-concílio, o agente afirma que os batizados devem ser sujeitos da evangelização. O agente acaba não se dando conta de que a sua atitude contraria o conteúdo da sua pregação, pois as pessoas continuam sendo os fiéis obedientes à sua autoridade. A travessia da doutrinação para a evangelização implica também mudança no modo de ser dos agentes condutores. É esta a questão que permite ver na metodologia um problema de primeira grandeza para a evangelização.

Entendemos que é possível pensar um processo de evangelização tomando como referência as mudanças propostas pelo Vaticano II. Para tanto, devemos empreender o esforço de construir uma metodologia de ação evangelizadora a partir das proposições conciliares.

Uma das questões a serem enfrentadas é o conceito de metodologia. Há uma compreensão comum de que metodologia é um instrumento que utilizamos para facilitar uma ação que devemos realizar. Ela seria algo fora de nós. Uma técnica ou uma dinâmica da qual fazemos uso.

Metodologia pastoral

Quando usamos os termos "metodologia pastoral" ou "planejamento pastoral", referimo-nos a outra perspectiva. Por metodologia entendemos um modo de ser, uma espiritualidade. Numa palavra, a metodologia é a mística que está por trás de nossas ações. Por este viés, é muito difícil separar a teologia da pastoral, pois esta revela uma teologia e aquela se faz no mundo, pressupondo um universo pastoral ou partindo da prática pastoral.

A mudança doutrinal proposta pelo Concílio Ecumênico Vaticano II pode realmente se efetivar, mas para isso é preciso que se construa um processo metodológico capaz de encarnar as propostas conciliares.

Alguns aspectos metodológicos importantes são: o ponto de partida, a finalidade, o espírito com o qual se pretende conduzir as ações e os critérios. O ponto de partida, caso queiramos seguir de modo coerente com as proposições conciliares, são as práticas de evangelização, já que os discursos em grande parte se reciclaram. Os outros aspectos são anunciados pela própria *Lumen Gentium*: a finalidade é o Reino de Deus; o espírito, para conduzir as ações, tem como referência a prática de Jesus Cristo, e o critério maior é o amor.

É interessante dizer que não estamos prescindindo da teoria. Ao contrário, estamos propondo um caminho teórico que tome as práticas como ponto de partida da reflexão. Isto porque compreendemos que somente pela prática vêm à luz as teorias que realmente nos fundamentam.

A mística evangelizadora da prática de Jesus

Novamente, seguindo a orientação de *Aparecida*, reportamo-nos à prática de Jesus. Nosso interesse agora é descobrir a metodologia de Jesus.

Fizemos questão de nos antecipar em expor o que entendemos por metodologia, justamente para evitar interpretações errôneas. Há, como vimos, quem entenda que a metodologia é um instrumento. Nesse sentido, seria importante apresentar os mais variados instrumentos (métodos) para que cada um opte por aquele que achar melhor. A nosso ver, metodologia não é um instrumento, mas a própria mística do agente. Portanto, não está fora e separada dele, mas constitui o seu modo de ser. É, em uma palavra, a sua espiritualidade.

Quando falamos em descobrir a metodologia de Jesus, estamos nos referindo a seu modo de ser e sua mística. Veremos a seguir, analisando uma passagem do evangelho de Lucas, que Jesus tem uma proposta metodológica.

O texto de referência para nossa análise é Lucas 24,13-35. Lucas situa o texto logo após a crucificação de Jesus e propõe a situação em que dois discípulos viajam de Jerusalém a Emaús. Considerando este texto na estrutura da obra de Lucas, que se organiza em dois movimentos, a saber, da Galileia a Jerusalém (Evangelho), de Jerusalém aos confins da terra (Atos dos Apóstolos), podemos imaginar que a intenção da ação evangelizadora de Jesus, em Lucas 24, é provocar os discípulos para uma escolha mais consciente em relação ao seguimento e à missão. Neste contexto, a opção pelo seguimento exigiria que os discípulos voltassem a Jerusalém, junto à comunidade dos discípulos, para levar a cabo a Boa-Notícia. Contudo, como já ficou suficientemente justificado na chave de leitura cristológica, Jesus não os obrigará a fazer isto. A decisão deverá ser tomada pelos próprios discípulos. Jesus, porém, realiza um processo metodológico com eles, para ajudá-los a ressignificar a ideia que tinham do messias.

Aparece no texto – porém não para os discípulos – uma dicotomia entre a compreensão do messias servo sofredor, representado por Jesus, e a compreensão de messias que os discípulos tinham, a de rei poderoso. A preocupação subjacente à ação evangelizadora de Jesus junto aos discípulos poderia ser reposta com a seguinte questão: Como fazer com que os discípulos assumam a missão junto à comunidade de forma livre e autônoma?

Vamos detalhar todos os passos da ação de Jesus para notar o processo metodológico que, em outras palavras, é a sua mística de evangelização. Faremos, durante a exposição dos passos, quatro paradas reflexivas.

Situação: "Eis que dois deles viajavam nesse mesmo dia para um povoado chamado Emaús, a sessenta estádios de Jerusalém; e conversavam sobre todos estes acontecimentos" (vv. 13 e 14).

1. *Aproxima-se.* "Ora, enquanto conversavam e discutiam entre si, o próprio Jesus aproximou-se..." (v. 15).
2. *Caminha com eles.* "e pôs-se a caminhar com eles; seus olhos, porém, estavam impedidos de reconhecê-lo" (vv. 15 e 16).
3. *Pergunta.* "Ele lhes disse: 'Que palavras são essas que trocais enquanto ides caminhando?'" (v. 17).
4. *Ouve.* "E eles pararam, com o rosto sombrio. Um deles, chamado Cléofas, lhe perguntou: 'Tu és o único forasteiro em Jerusalém que ignora os fatos que nela aconteceram nestes dias?'" (vv. 17 e 18).
5. *Pergunta novamente, mostrando interesse pelos seus problemas.* "Quais?, disse-lhes ele" (v. 19).
6. *Ouve novamente, demonstrando respeito pela palavra dos dois.* "Responderam: 'O que aconteceu a Jesus, o Nazareno, que foi um profeta poderoso em obra e em palavra, diante de Deus e diante de todo o povo: nossos chefes dos sacerdotes e nossos chefes o entregaram para ser condenado à morte e o crucificaram. Nós esperávamos que fosse ele quem iria redimir Israel; mas, com tudo isso, faz três dias que todas essas coisas aconteceram! É verdade que algumas mulheres, que são dos nossos, nos assustaram. Tendo ido muito cedo ao túmulo e não tendo encontrado o corpo, voltaram dizendo que tinham tido uma visão de anjos a declararem que ele está vivo. Alguns dos nossos foram ao túmulo e encontraram as coisas tais como as mulheres haviam dito; mas não o viram!'" (vv. 19 a 24).

Uma primeira reflexão se faz necessária. Os dois estão conversando sobre Jesus de Nazaré. Desolados, lamentam-se porque Jesus não era o messias que estavam esperando: um rei poderoso que viria para restaurar a realeza de Israel. Jesus foi uma decepção para eles. Esta era a compreensão que os discípulos tinham do messias, bem mais marcada pela teologia do messias-rei poderoso que pela teologia do servo sofredor. Os dois não estão fugindo, estão voltando para casa, em Emaús, provavelmente para continuar esperando pelo messias-rei.

Encontramos, aqui, uma explicação para o fato de os discípulos não reconhecerem Jesus. Embora Jesus tenha se aproximado, os discípulos não o veem, estão como cegos. Chegam a chamá-lo de forasteiro. Eles estavam predispostos a ver um messias-rei poderoso, não um messias servo sofredor. Interpretaram os fatos a partir da teologia que tinham incorporado em sua cultura.

Jesus não é messias do tipo rei poderoso, assemelha-se mais ao servo sofredor. Os dois, portanto, são portadores de uma doutrina teológica segundo a qual o messias seria o rei poderoso que tiraria o poder político da mão dos romanos e o devolveria a Israel. Como ver um rei num servo sofredor?[1] A ação evangelizadora de Jesus, portanto, deverá intervir na ideia de messias que impede os dois de reconhecê-lo. Trata-se, pois, de uma mudança de mentalidade.

A primeira atitude de Jesus é "aproximar-se", sem julgamento, sem discurso, sem pregação, sem doutrinação, sem condenação. Acompanha os dois no caminho. Aproxima-se para "caminhar com eles", gesto que aponta para a opção de Jesus em relação aos dois. Jesus não está fingindo não saber o que aconteceu. Ele sabe, pois sofreu na própria pele. O que não sabe é o que os discípulos pensam de tudo o que havia acontecido. A esta questão somente os discípulos poderão responder. Ele também não sabe ao certo o que fazer, pois isto dependerá do que os dois pensam a seu respeito. Para decidir algo a ser feito, primeiro terá de compreender os discípulos.

Em vez de propor uma interrupção na trajetória de Emaús, Jesus caminha com eles, assumindo, ele próprio, o caminho dos discípulos. Em vez de questioná-los em relação à fuga, busca compreender o que se passa com eles.

Interessado pelos problemas enfrentados pelos dois, Jesus dialoga: ouve-pergunta-ouve-pergunta. O mesmo interesse com que ele pergunta, motiva-o a ouvir e entender a forma como os discípulos estão interpretando tudo o que se passou em Jerusalém. Aliás, a atitude de ouvir

---

[1] Esta questão sintetiza também a novidade cristã em relação à salvação. O salvador é um servo sofredor, perseguido, preso, julgado, condenado, crucificado, que ressuscitou dos mortos. O mundo greco-romano alimentava a esperança de salvação através de um Deus que seguia os esquemas do poder humano.

METODOLOGIA PASTORAL

com interesse é profundamente cristã. Cabe a pergunta: É também esta a atitude característica dos cristãos, principalmente de suas lideranças? O processo realizado até aqui permitiu a Jesus compreender os dois. Jesus acaba por descobrir algo fundamental: ele não atendeu às expectativas messiânicas dos dois. Agora a situação reúne as condições para a intervenção de Jesus.

7. Faz leitura das Escrituras. "Ele, então, lhes disse: 'Insensatos e lentos de coração para crer tudo o que os profetas anunciaram! Não era preciso que o Cristo sofresse tudo isso e entrasse em sua glória?'. E, começando por Moisés e por todos os Profetas, interpretou-lhes em todas as Escrituras o que a ele dizia respeito" (vv. 25 a 27).

Já é hora da segunda parada reflexiva. Jesus intervém na situação dos dois. Utiliza, para isso, o critério mais importante da tradição judaica: as Escrituras. Acontece que a ideia de um messias-rei, poderoso, também buscava justificativa nas Escrituras. Mas Jesus as interpretou diferentemente dos chefes dos sacerdotes.

Percebendo o motivo central da atitude dos dois – a frustração em relação a um mestre importante, mas que acabou fracassado –, Jesus faz uma memória histórica da aliança. Não diz ainda quem é e o que está tentando fazer. Ele descobre, por assim dizer, o senso comum teológico dos discípulos e assume a perspectiva de entendimento dos dois, para, então, lançar uma nova forma de compreensão do messias esperado. Os textos que os discípulos reconheciam como sagrados – a Lei (Moisés) e os profetas – são o suporte para Jesus reinterpretar os fatos acontecidos. A partir do universo de sentido partilhado pelos discípulos Jesus propõe novas ideias, tomando como critério a Palavra de Deus.

Estamos, aqui, diante da importância da leitura das Escrituras para o processo de discernimento pastoral. A interpretação das Escrituras tanto pode ser feita de forma que as pessoas fiquem impedidas de reconhecer Jesus, como também para que o reconheçam como o messias, servo sofredor, enviado do Pai.

Os dois ouviram o forasteiro, mas continuaram no caminho para Emaús.

44

8. *Permanece com eles.* "Aproximando-se do povoado para onde iam, Jesus simulou que ia mais adiante. Eles, porém, insistiram, dizendo: 'Permanece conosco, pois cai a tarde e o dia já declina' (vv. 28-29).

9. *Entra na casa.* "Entrou então para ficar com eles" (v. 29).

10. *Vai à mesa.* "E, uma vez à mesa com eles..." (v. 30).

11. *Toma o pão e pede a bênção.* "tomou o pão, abençoou..." (v. 30).

12. *Reparte o pão.* "Depois partiu-o e distribuiu-o a eles" (v. 30).

13. *Os olhos dos discípulos se abriram.* "Então seus olhos se abriram e o reconheceram" (v. 31).

14. *Jesus desaparece da frente deles.* "Ele, porém, ficou invisível diante deles" (v. 31).

15. *Os dois reconhecem a experiência de Jesus Cristo.* "E disseram um ao outro: 'Não ardia o nosso coração quando ele nos falava pelo caminho, quando nos explicava as Escrituras?'" (v. 32).

16. *Eles, por iniciativa própria, voltam a Jerusalém.* "Naquela mesma hora, levantaram-se e voltaram para Jerusalém" (v. 33).

17. *A comunidade reunida experiencia o Cristo ressuscitado em Jesus de Nazaré.* "Acharam aí reunidos os Onze e seus companheiros, que disseram: 'É verdade! O Senhor ressuscitou e apareceu a Simão!'" (vv. 33 e 34).

18. *Os dois relatam o que aconteceu.* "E eles narraram os acontecimentos do caminho e como o haviam reconhecido na fração do pão" (v. 35).

Uma terceira parada reflexiva. Os discípulos, apesar da boa pregação de Jesus, mostrando-lhes uma compreensão messiânica que antes não consideravam, permanecem ainda em atitude de fuga. Ou seja, não dão sinal imediato de que se convenceram do próprio erro, mantendo-se em direção a Emaús. A memória, embora realizada à luz da Palavra, não foi suficiente para que experimentassem o messias diferente, servo sofredor. Os discípulos entenderam. Falta agora passar da mente para o coração, do plano das ideias para o plano das atitudes. Jesus, apesar disso, não os abandona e aceita permanecer com eles.

Jesus não apenas permanece com os discípulos, mas aceita o convite para entrar no espaço íntimo. Entra na casa e vai à mesa. Jesus toma a iniciativa de pegar o pão, pedir a bênção e distribuí-lo. Neste momento os discípulos reconhecem Jesus. Ou seja, percebem que a interpretação que faziam do messias não condizia com o sentido da missão de Jesus. Eles passam a conhecer Jesus de forma diferente, nova, pelas entranhas, de tal modo a reconhecerem finalmente que o coração ardia o tempo todo.

O *Documento de Aparecida*, n. 136, diz lucidamente: "A admiração pela pessoa de Jesus, seu chamado e seu olhar de amor despertam uma resposta consciente e livre desde o mais íntimo do coração do discípulo, uma adesão a toda a sua pessoa ao saber que Cristo o chama pelo nome (cf. Jo 10,3)".

Um paralelo interessante, sob este aspecto do "conhecer de novo pelas entranhas", pode ser encontrado nos textos de Ezequiel 3,1-3 e Apocalipse 10,8. "Coma este rolo", diz o anjo. De fato, a pessoa come o rolo. Em Ezequiel a sequência do texto é dada pela expressão de agrado: era doce como o mel. No Apocalipse, a esta expressão segue-se: "me amargou o estômago". O processo de evangelização conduz para uma reconstrução de mentalidade, uma verdadeira conversão.

Quando os discípulos redescobrem a missão por um conhecimento novo do messias, Jesus desaparece da frente deles. Deste ponto em diante, a iniciativa não mais depende de Jesus, mas dos discípulos. Eles próprios, livremente, tomam a decisão de voltar para Jerusalém e retomar o anúncio pela comunidade. A comunidade reunida torna-se o centro da experiência do ressuscitado.

> A missão não se limita a um programa ou projeto, mas é compartilhar a experiência do acontecimento do encontro com Cristo, testemunhá-lo e anunciá-lo de pessoa a pessoa, de comunidade a comunidade, e da Igreja a todos os confins do mundo (cf. At 1,8) (*DAp*, n. 145).

A oração, a contemplação e a celebração são parte integrante do processo de discernimento. É o olhar a realidade a partir da vontade do Pai, com os olhos de Deus. Para tanto, é preciso ter comunhão com ele.

19. *Jesus transmite à comunidade o testamento do testemunho.* "Vós sois testemunhas disso" (v. 48).

20. *Uma obra inacabada.* O Espírito Santo e a atualização da memória de Jesus de Nazaré. "Mas recebereis uma força, a do Espírito Santo que descerá sobre vós, e sereis minhas testemunhas em Jerusalém, em toda a Judeia e a Samaria, e até os confins da terra" (At 1,8).

Quarta parada reflexiva. A comunidade é, ao mesmo tempo, o exemplo e a guardiã do testamento de Jesus: o testemunho. Não é o discípulo o centro da missão. No centro estará sempre a vontade do Pai, como exemplo do testemunho estará sempre Jesus de Nazaré e, como força, o Espírito Santo. Essa obra permanece aberta até o fim dos tempos. O agir cristão se dá na Trindade: "por Cristo, com Cristo e em Cristo, a vós Deus Pai, na unidade do Espírito Santo".

Pensamos que a mística de Jesus, nos Evangelhos, revela uma autêntica práxis cristã. Como o *Documento de Aparecida*, n. 144, expressa de modo lúcido: "Cumprir esta missão não é tarefa opcional, mas parte integrante da identidade cristã, porque é a extensão testemunhal da vocação mesma". Não se trata de querermos ou não aderir a esta mística. Ela é parte integrante do ser cristão.

É possível, depois desse itinerário reflexivo a partir do episódio de Emaús, compreender melhor uma frase marcante que Karl Rahner, um dos grandes teólogos do século XX, disse, a saber: "os cristãos do século XXI ou serão místicos ou não serão cristãos". Não se trata de assumir uma atitude de isolamento do mundo, tal como os eremitas ou anacoretas dos primeiros séculos, mas de encarnar a metodologia de Jesus. Isto é possível, desde que a compreendamos como mística da ação, não como um instrumento que usamos para agir.

É possível visibilizar um processo de planejamento a partir da mística de Jesus? Pensamos que sim.

Quando falamos em planejamento, estamos nos referindo a um processo de evangelização organizado (*LG*, n. 11). É uma atitude que acompanha a evangelização continuadamente.

O planejamento se diferencia do plano. Este é parte integrante daquele e comporta construção da realidade, objetivo geral, objetivos específicos, atividades (com cronograma) e princípios de ação. O plano é para um tempo determinado, pois é um documento pastoral. O planejamento é uma mística de ação.

Planejamento paroquial da ação evangelizadora

Planejar, de modo geral, significa organizar nossas forças humanas e materiais à luz da prática de Jesus, em vista da Evangelização, que tem como finalidade principal o Reino de Deus.

Jesus também planejava suas ações e ensinava os seus seguidores a fazerem o mesmo.

> Quem de vós, com efeito, querendo construir uma torre, primeiro não se senta para calcular as despesas e ponderar se tem com que terminar? Não aconteça que, tendo colocado o alicerce e não sendo capaz de acabar, todos os que virem comecem a caçoar dele [...] (Lc 14,28-29).

Em uma de suas parábolas Jesus compara o Reino dos Céus a uma rede que, jogada ao mar, apanha de tudo (cf. Mt 13,47-48). Depois de puxar a rede para fora do mar, o pescador irá trabalhar motivado por alguns critérios. Ele separa os peixes próprios para a alimentação e joga fora os impróprios. Se não houvesse planejamento e critérios para a escolha, os pescadores recolheriam tudo. Assim também é a ação evangelizadora que não tem planejamento, acaba aceitando tudo e deixa-se conduzir pelo senso comum.

Planejamos a partir do lugar em que estamos, levando em conta as forças disponíveis. O ponto de partida de um processo de planejamento são as necessidades reais das pessoas e comunidades onde atuamos. Necessidades são tanto carências como potencialidades. O planejamento tem também uma finalidade. Para os cristãos, esta finalidade é o

Reino de Deus. Além disso, o planejamento possui um caminho que liga o ponto de partida à finalidade.

Apresentamos a seguir algumas questões que poderão auxiliar no processo de planejamento da ação evangelizadora. Vamos tomar como exemplo a paróquia, mas este processo pode ser referência para todos os níveis de evangelização.

1. Faz-se necessário *optar pelo planejamento*. Fazê-lo não para cumprir uma orientação diocesana, mas porque acreditamos que ele seja uma necessidade da evangelização. A evangelização está relacionada: a uma realidade, a uma espiritualidade, a uma finalidade. Por isso, ao falarmos em evangelização e, neste caso, de planejamento da ação evangelizadora, é fundamental que se considere estes três aspectos sempre em relação. O planejamento é que mantém esta relação. Para fins de exposição, vamos tomar como referência o planejamento paroquial da ação evangelizadora.

2. *Equipe de coordenação.* O planejamento precisa ser organizado e coordenado. Este é, no fundo, o papel do Conselho de Pastoral Paroquial (CPP), a saber: conduzir o processo permanente de planejamento da ação evangelizadora na paróquia. No CPP há representantes de cada comunidade, pastoral e movimento organizado.

3. *Planejamento é a espiritualidade da ação evangelizadora.* O planejamento é um processo que sempre recomeça. Por isso, dizemos que ele é a nossa espiritualidade. É o modo de ser da paróquia. Portanto, é importante diferenciar planejamento de plano. Este se relaciona com aquele porque é o registro organizado do processo realizado em determinado lugar e tempo e porque projeta atividades, bem como estrutura um cronograma das ações a serem desenvolvidas. O plano, porém, se diferencia do planejamento porque é temporário. É, no final das contas, o planejamento que dá vida e dinamicidade ao plano. Plano sem processo de planejamento é letra morta. Planejamento sem planos corre o risco de se diluir em atividades isola-

das. Para a nossa fé cristã, seria como pensar o Filho sem o Pai ou o Pai sem o Filho e o Espírito Santo. Veremos a seguir como de um processo de planejamento poderá ir surgindo o plano, e também como o planejamento pode continuar depois do plano.

4. *Leituras do contexto* da evangelização. O contexto é tudo que nos rodeia e nos influencia. É praticamente impossível dominarmos o contexto. Ele vai além das nossas possibilidades de interpretação. Por isso, o que fazemos é uma leitura deste contexto, que denominamos de realidade. Para fazer esta leitura, num processo de planejamento paroquial, é indispensável envolver cada comunidade (todos os membros), coordenação pastoral, movimento social... para construir uma realidade. Trata-se de olhar, observar, refletir, dialogar sobre as necessidades sentidas, experimentadas e identificadas pelas pessoas. Para isso, pode-se elaborar um roteiro.

5. *Importância da participação.* É bom ressaltar desde logo que uma das possibilidades de eficácia de um processo de planejamento está na participação. É fundamental que as pessoas tenham espaço para expressar sua palavra: dizer o que fazem, o que pensam, o que sentem, o que desejam.

6. *Assembleias comunitárias.* Quando se trata de um planejamento paroquial, torna-se indispensável a participação de todas as pessoas das comunidades. Isto pode ser realizado através de assembleias comunitárias, de cunho celebrativo, por ocasião da visita do pároco ou da equipe paroquial. Podem-se usar dinâmicas de participação para evitar que somente uma ou duas pessoas falem.

7. *Consulta à sociedade civil.* Merecem igual importância os segmentos da sociedade civil organizados. Para ouvir estes segmentos, podem-se fazer visitas às suas sedes ou montar um questionário ou entrevista.

8. *Material reunido.* O objetivo das assembleias comunitárias e dos questionários de consulta às entidades e seg-

mentos da sociedade civil é a construção da realidade. Esta compreende tanto o que são e como vivem as comunidades e pastorais como o que a sociedade civil pensa delas. O que se terá em mãos, depois de realizadas assembleias nas comunidades e pastorais e consultas à sociedade civil, será um material bruto. São as várias leituras, feitas pelos vários sujeitos sociais consultados. O material precisará ser organizado.

9. *Primeira organização do material – equipe de coordenação.* É necessário que a equipe de coordenação se reúna durante o processo de realização das assembleias e consultas para avaliar e acompanhar o planejamento. Isto poderá ser feito segundo as necessidades que o processo for sugerindo. Contudo, pelo menos um encontro é indispensável: a reunião para a organização do material das assembleias e consultas. Tome-se o cuidado para não mudar ou desvirtuar o conteúdo do material. Sugere-se que mesmo os itens repetidos sejam indicados, colocando-se entre parênteses o número de vezes que apareceu. O importante é que a assembleia paroquial tenha contato com as falas e observações das comunidades e da sociedade civil. A equipe de coordenação elaborará uma síntese de todos os materiais, para transformá-los em um instrumento de trabalho para a assembleia paroquial.

10. *Assembleia paroquial.* Após organizar todo o material produzido durante o processo das assembleias e consultas, reúne-se a comunidade paroquial, através de seus representantes, lideranças escolhidas democraticamente pelas comunidades e pastorais, para uma assembleia. A assembleia terá pelo menos três funções específicas: construir a realidade a partir das diversas leituras sugeridas no material; confrontar a realidade com os critérios que vêm da prática de Jesus; deliberar metas e ações para a evangelização paroquial. Explicitamos, no item 21, um processo possível para a realização de uma assembleia paroquial.

11. *Os critérios.* Sempre que vamos refletir sobre algo, deparamo-nos com a questão da escolha de critérios. Se não os escolhemos de modo consciente, acabamos fazendo uso deles inconscientemente. Como, no caso específico do planejamento da ação evangelizadora, trata-se de uma atividade cristã, os critérios podem ser buscados na Palavra de Deus e na Tradição da Igreja. Na chave de leitura cristológica, abordamos detalhadamente a metodologia de Jesus. Vimos que há um critério a partir do qual Jesus age: a vontade do Pai. Como saber o que é ou não vontade do Pai? Para tanto, temos a prática de Jesus de Nazaré. Ela é a fonte dos critérios eclesiais. Eis alguns critérios que aparecem na prática de Jesus: diálogo (ouvir-falar-ouvir-falar), prática do amor e da justiça, defesa da vida, metodologia participativa, serviço.

12. *Construção da realidade.* Uma primeira tarefa da Assembleia Paroquial (AP) é a construção da realidade. O critério a ser utilizado para a organização do material é a fidelidade ao material produzido anteriormente. Este é um passo muito importante e delicado do processo, pois, de certa forma, determinará os passos posteriores. Por isso dissemos que a equipe de coordenação deverá fazer síntese do material, e não a interpretação dele. A AP deverá ter em mãos a matéria-prima para conhecê-la. As pessoas participantes da assembleia terão acesso a todo o processo realizado, bem como ao resultado de todas as avaliações feitas nas comunidades e de todas as consultas. É importante notar que muitas das pessoas que estão participando da AP não participaram de todo o processo. Por isso, a equipe de coordenação deve ter o cuidado de colocar a assembleia a par de tudo. O que se espera deste passo? Que consiga expressar todas as necessidades que surgiram nas diversas leituras realizadas pelas pessoas das comunidades, pastorais e sociedade civil. Que não se omita ou se distorça nada.

13. *Reflexão/oração.* A AP é o espaço em que acontece o confronto desta construção da realidade com os critérios buscados na prática de Jesus de Nazaré. Esta é a segunda tarefa da AP. A escolha dos critérios deverá ser feita pela própria assembleia. O que não pode ser negociado? O que Jesus também não negociava: fazer, em tudo, a vontade do Pai. A partir da prática de Jesus, é possível propor e refletir sobre alguns critérios de discernimento juntamente com a assembleia, que deverá escolher, por voto, alguns deles (como já foi expresso antes).

14. *Escolha de prioridades.* Os critérios escolhidos serão tomados como referência para analisar a realidade construída. É o momento de peneirar. Deverá passar pela peneira aquilo que mais se aproxima da prática de Jesus. É provável que apareçam as mais variadas sugestões: desde o aspecto infraestrutural e financeiro das construções e festas até o envolvimento sociopolítico da Igreja. É preciso refletir sobre elas. Para tomar uma decisão, não podemos apenas considerar a vontade de uma pessoa, do pároco, de um agente, de um profissional. É preciso que as decisões sejam tomadas segundo a vontade do Pai. Ela é maior do que nossos interesses particulares. Por isso que este passo também é delicado. Escolher algumas necessidades dentre o universo das que foram levantadas exige reflexão e oração (como a de Jesus, que confrontava a sua missão com a vontade do Pai). As necessidades prioritárias são as que, segundo a prática de Jesus, devem ser mais rapidamente enfrentadas. As necessidades mais urgentes – escolhidas em assembleia – tornam-se prioridades paroquiais. Isso não significa que outras necessidades sejam abandonadas. As mais importantes, porém, receberão nossa maior atenção.

15. *Elaboração de metas.* A partir das necessidades escolhidas como prioritárias serão elaboradas as metas. É mais ou menos o seguinte: Escolhemos estas necessidades; então,

o que vamos fazer para atendê-las? Para cada necessidade prioritária podem ser elaboradas várias metas.

16. *Atividades práticas.* Quando as metas já estão traçadas, a AP pode pensar em atividades práticas dentro de cada meta. Para cada uma, podem ser elaboradas várias atividades. Para elaborar uma atividade, perguntamos: O que fazer para que esta meta seja alcançada e aquela necessidade atendida? Além de o que fazer, entram aqui também: com quem, quando, onde.

17. *A dinâmica geral do processo* é a seguinte: leitura e construção da realidade, definição de critérios, escolha das necessidades prioritárias, elaboração de metas, elaboração de atividades práticas. Esta é uma possível estrutura do plano de pastoral ou plano de ação evangelizadora. Vejamos os itens do plano numa sequência mais sistemática. 1. *realidade*: descrever a realidade construída e as necessidades escolhidas como prioritárias; 2. *objetivo geral da evangelização*: expressa, de modo geral, o quê, como e o porquê (tome-se como exemplo o objetivo geral da CNBB); 3. *metas*: o que queremos em cada necessidade escolhida como prioritária? 4. *atividades práticas*: o que vamos fazer para alcançar o que queremos? (*o quê?* Atividades que queremos fazer. *Quem?* Pessoas que assumirão tal tarefa. *Como?* Instrumentos, dinâmicas e técnicas a serem utilizadas, passos do trabalho. *Quando?* Cronograma das atividades. *Onde?* Local).

18. O plano da ação evangelizadora torna-se, então, um indicador da direção a ser tomada e dos passos a serem dados.

19. É necessário que haja *avaliação do plano de pastoral.* Como avaliar? Avaliar é um processo que segue, em cada atividade, pastoral ou comunidade, os passos do planejamento: observação, registro, reflexão, reencaminhamento.

20. Além das avaliações periódicas, faça-se uma *assembleia paroquial anual*, seguindo todo o processo do planejamento.

21. *Sugestão de processo para realização da AP.* Apresentamos neste item alguns passos que podem servir de base para a realização de um processo para uma assembleia paroquial de planejamento.

a) É interessante começar refletindo sobre qual processo seguir para a realização da AP. Que passos vamos dar? Como fazer? Qual o público que iremos atingir? Haverá roteiro com perguntas para a avaliação? Será feito em cada comunidade, com todos os membros, com lideranças por setor, ou atingindo a todos? É importante discutir o processo com todo o Conselho de Pastoral da Paróquia. Cada comunidade terá um ou mais representantes que irão manter a comunidade bem informada do processo que será feito.

b) Depois, para dar encaminhamentos aos passos, pode-se constituir uma equipe paroquial menor, de cinco a dez pessoas, com a presença do pároco.

c) É importante que se atinja o povo. Já destacamos, nos itens 5 a 7, a importância da participação do maior número de pessoas possíveis: das comunidades e da sociedade civil. É preciso ir além das lideranças. Fazer avaliação com os movimentos sociais e organizações populares existentes na paróquia, e também com outras entidades e organismos.

d) Um roteiro de perguntas poderá ser montado, tal como o que segue: Quais são as nossas necessidades e as das pessoas que nos rodeiam? As atividades eclesiais desenvolvidas respondem a estas necessidades? Sim? Não? Em parte? Em que sentido? O que ainda falta a ser feito? As atividades eclesiais estão de acordo com a missão da Igreja, a saber, fazer a vontade do Pai no seguimento a Jesus Cristo?

e) Como fazer o processo da assembleia nas comunidades?

- Em algumas comunidades há o costume de se realizar assembleia comunitária anual para avaliação e planejamento.

- O conselho avisa a comunidade alguns finais de semana antes.

- Todos os membros ficam sabendo o local, a data, o horário da assembleia e o seu objetivo.

- Nas celebrações anteriores, pode-se motivar as pessoas para a assembleia enfatizando a importância de observar as necessidades pessoais e comunitárias.

- O dia marcado para a assembleia é um momento celebrativo e avaliativo. Faz-se motivação com uma oração inicial bem preparada e, em seguida, estimula-se a que seja feita a avaliação.

- É preciso ter cuidado para que a avaliação não fique centralizada em algumas pessoas. Lembrar sempre da importância da participação.

- Aconselha-se fazer trabalhos em pequenos grupos para responder ao roteiro de avaliação. Faz-se depois o plenário e debate-se sobre as sugestões para o planejamento.

- Para que os trabalhos sejam conduzidos de maneira participativa e séria, é importante ter um coordenador ou uma coordenadora que esteja a par do processo feito na paróquia, que saiba coordenar uma reunião e que possibilite a participação de todos.

- Além disso, uma ou duas pessoas precisam assumir a secretaria, que fará o registro de tudo aquilo que foi sendo dito, discutido e aprovado em assembleia.

- Estas anotações serão registradas em ata, e uma cópia desta será enviada para a equipe paroquial. É a partir dela que a equipe conduzirá os trabalhos da assembleia paroquial.

f) Com o relatório de avaliação e planejamento em mãos, a equipe paroquial vai preparar o dia da assembleia paroquial. Como proceder então?

g) A equipe terá que ler e estudar cada um dos relatórios das assembleias comunitárias e das consultas à sociedade civil. Fará uma síntese o mais fiel possível do que foi verificado, indicando o que se repetiu e quantas vezes;

h) A síntese servirá como instrumento de trabalho para a AP. Por isso, deverá expressar com fidelidade o que foi dito pelas assembleias e consultas, pois todos os membros da assembleia deverão estar a par disso.

i) Depois de montado o instrumento de trabalho, é preciso pensar o dia da assembleia. Como será o dia? Quem irá participar?

j) É interessante que cada comunidade, pastoral, movimento ou entidade que participou do processo de avaliação e planejamento esteja presente. Os que têm participação efetiva na vida pastoral da paróquia terão direito a voto – serão os delegados. Outras pessoas poderão ser convidadas: por exemplo, membros de outras Igrejas, associações, entidades... Estes podem ter parte nos trabalhos da assembleia, porém não na aprovação das necessidades prioritárias, das metas e atividades práticas.

k) A assembleia não se preocupará em construir o plano. Sua preocupação central será decidir e sugerir sobre: a) as necessidades prioritárias; b) as metas em cada uma das prioridades; c) as atividades em cada uma das metas. Poderá até opinar sobre a estrutura do plano, mas não é sua função sistematizar as decisões. Esta tarefa será da equipe paroquial, em momento posterior à assembleia.

l) No dia da assembleia paroquial:

- Fazer memória de todo o processo realizado e esclarecer o objetivo da AP;

- Refletir e escolher critérios que orientem as decisões da assembleia (conforme item 11).

- Ver um modo de apresentar o instrumento de trabalho a todas as pessoas participantes – elas deverão ter este material em mãos e, também, poder se apropriar dele. É possível apresentar o material usando-se de multimídia, cartazes, ou através de outra dinâmica, de forma que todos saibam tudo o que já foi feito;

- Os participantes podem ser divididos em grupos, para que olhem o material de modo mais detalhado e apontem necessidades prioritárias. Cada grupo escolherá coordenador e secretário, que anotarão as necessidades prioritárias escolhidas para expor no plenário. É fundamental que os trabalhos dos grupos se efetuem de acordo com os critérios escolhidos.

- Depois dos trabalhos em grupo, realiza-se o plenário, onde os grupos expõem as suas escolhas e os critérios que foram considerados. Todos os grupos deverão fazer a exposição para que depois se abra a palavra para o plenário, a não ser que haja necessidade de esclarecimentos;

- Abre-se a palavra ao plenário para questionar, refletir, sugerir, solicitar esclarecimentos.

- Verifica-se se algumas necessidades foram escolhidas por mais de um grupo e se atendem aos critérios.

- A assembleia vota pela aprovação das necessidades prioritárias, aquelas que são urgentes e não podem ser adiadas.

- As propostas e emendas aprovadas serão registradas pela secretaria para uma leitura final ao plenário.

- Sugestão de metas e atividades práticas. Depois de escolhidas e aprovadas as necessidades prioritárias pode-se voltar aos grupos a fim de que, para cada necessidade prioritária, sejam sugeridas metas e atividades práticas.

- Um novo plenário se constitui para que todos os grupos apresentem sugestões. Abre-se para a discussão e aprova-se em bloco.

m) Depois de a AP decidir quais são as necessidades prioritárias, sugerir metas e atividades práticas, a equipe paroquial faz, enfim, a sistematização do plano de pastoral paroquial, podendo seguir os passos já apresentados no item 17.

Os itens abordados anteriormente apontam um possível processo a ser realizado no planejamento da ação evangelizadora. Lembramos que os agentes podem adaptar o processo às condições contextuais, humanas e materiais de sua ação.

Na chave de leitura seguinte, vamos aprofundar os passos do planejamento que antes foram somente anunciados. Com este aprofundamento ficará mais bem esclarecido o porquê do planejamento da ação evangelizadora.

Introduzimos adiante uma reflexão pedagógico-filosófica que aponta para a riqueza das conquistas de outras áreas de conhecimento e da necessidade de estabelecermos um diálogo interdisciplinar com elas. O tema referencial para esta reflexão é o próprio pano de fundo do contexto evangelizador de Emaús. A nosso ver, é possível e fecundo o aporte das outras ciências para a evangelização. Veremos, a seguir, como a filosofia e a pedagogia têm uma importante palavra a dizer para a pastoral, quando se trata de pensar e organizar a evangelização como mística.

CAPÍTULO 4

Evangelização em chave de leitura pedagógica

Vida e educação

A pedagogia se ocupa com a educação, que é parte integrante de toda a vida humana. A educação não se define apenas pelo grau de instrução. Todos são educados, dão e recebem educação. Na família, na rua, na escola, nas lojas e shoppings, nas praças, nas Igrejas, enfim, a educação acontece a toda a hora, em toda parte e em todo lugar onde existir o ser humano.

Também é correto dizer que não existe uma única forma de educação. Ela se faz diferente em culturas e modos de viver distintos. Ilustra bem esta ideia a fala de um lavrador do sul de Minas Gerais, senhor Antônio Cícero, a um grupo de educação popular coordenado por Carlos Rodrigues Brandão.

> "Então veja, o senhor fala: 'Educação'; daí eu falo: 'Educação'. A palavra é a mesma, não é? A pronúncia, eu quero dizer, é uma só: 'educação'. Mas então eu pergunto pro senhor: 'É a mesma coisa? É do mesmo que a gente fala quando diz essa palavra?'. Aí eu digo: 'Não'. [...] Educação... quando o senhor chega e diz 'educação', vem do seu mundo. Quando eu sou quem fala vem dum outro lugar, de um outro mundo. [...] Comparação, no seu essa palavra vem junto com quê? Com escola, não vem? [...] Quando eu falo o pensamento vem dum outro mundo. Um que pode até ser vizinho do seu, vizinho assim, de confrontante, mas não é o mesmo. A escolinha cai-não-cai ali num canto da roça, a professorinha dali mesmo, os recursos, tudo como é o resto da regra do pobre. Estudo? Um ano, dois, nem três. Comigo não foi nem três. Então eu digo 'educação' e penso 'enxada', o que foi para mim."[1]

---

[1] BRANDÃO, Carlos Rodrigues (org.). *A questão política da educação*, pp. 7-8.

METODOLOGIA PASTORAL

Há uma forma de educação espontânea, que acontece sem a necessidade de escolas, colégios e universidades. Nesse caso, a vida é a escola, e o programa educacional se define segundo as necessidades e as possibilidades da pessoa em relação ao meio onde vive.

Esparramadas pelos cantos do cotidiano, todas as situações entre pessoas, e entre pessoas e a natureza – situações sempre mediadas pelas regras, símbolos e valores da cultura do grupo – têm, em menor ou maior escala, a sua dimensão pedagógica. [2]

A educação que acontece na vida se preocupa com os problemas do dia a dia. Ao lado da "escola da vida" há outras formas de educação, dentre as quais destacamos a orientada por profissionais, que tem um programa definido e um conteúdo determinado. Nem sempre esta última forma de educação, que alguns chamam de formal, está preocupada com as questões da vida cotidiana. Muitas vezes propõe conteúdos e programas que são o primeiro passo para o desinteresse dos alunos.

Para Paulo Freire o que realmente importa à educação

é a problematização do mundo do trabalho, das obras, dos produtos, das ideias, das convicções, das aspirações, dos mitos, da arte, da ciência, enfim, o mundo da cultura e da história, que, resultando das relações homem mundo, condiciona os próprios homens, seus criadores.[3]

As diferentes formas de educação revelam dois aspectos fundamentais da existência humana: as carências e as potencialidades. O ser humano é carente de educação, mas, ao mesmo tempo, possui a potencialidade de educar. A origem do termo "educação" revela-se de acordo com estes dois aspectos. O termo "educação" vem de duas raízes latinas: *educare* e *educere*. *Educare* significa criar, alimentar. *Educere* quer dizer conduzir de dentro para fora. A pessoa não somente recebe educação, mas também educa.

A evangelização, sendo uma ação humana, também tem uma dimensão pedagógica. Potencializar esta dimensão significa tornar a evangelização mais eficaz. Da mesma forma como há processos educacio-

---

[2] Id., *O que é educação?*, p. 20.

[3] FREIRE, Paulo. *Extensão ou comunicação?*, p. 83.

nais espontâneos, assim também existem processos religiosos espontâneos, que nascem e se desenvolvem à parte das instituições religiosas. Também aqui faz sentido dizer que muitas das atividades pastorais se desenvolvem sem considerar os processos religiosos espontâneos que realmente dão sentido à vida das pessoas.

Este capítulo pretende discutir a dimensão pedagógica da existência humana, bem como uma possibilidade metodológica de evangelização que provenha do mundo vivido das pessoas.

É possível um processo de evangelização participativo que parta do mundo vivido das pessoas e, ao mesmo tempo, possa se valer das contribuições das ciências?

Ser humano: um ser inconcluso

É difícil encontrar uma pessoa plenamente satisfeita. Mesmo as mais bem-sucedidas têm planos para o futuro. A felicidade não é um estado definitivo; ao contrário, é um anseio que sempre se renova.

O ser humano é um ser de necessidades e possibilidades. É isto que faz dele um ser de busca. A realização está diretamente relacionada à satisfação ou não destas necessidades e potencialidades. Mas as necessidades e possibilidades sentidas e percebidas nem sempre são as mais propícias ao bem-estar da pessoa e da sociedade. Por exemplo, podemos achar imprescindível ter um celular, mesmo que ele não contribua para o nosso bem-estar; ao contrário, possa até comprometê-lo. Tal fato acontece porque, como seres que se constroem em relação, as pessoas são susceptíveis de influências externas que podem direcionar e redirecionar as suas intenções, necessidades e possibilidades.

Necessidades podem ser tanto carências como potencialidades. Carência é uma privação. Algo que precisamos ser ou que desejamos ter, mas não temos ou somos. Quando uma pessoa "sente" uma carência e percebe que não pode viver sem o que lhe falta, põe-se a pensar em formas de satisfação. E é movida a agir em vista da realização disto, independentemente se esta carência for provocada por um desejo, como, por exemplo, o de possuir o tênis mais caro do mercado.

Potencialidade é uma força contida. Poderíamos até chamá-la de realização contida. É algo que podemos efetivamente ser, mas, no momento, não somos. Quando o ser humano "percebe" uma potencialidade é também movido a efetivá-la. Por exemplo, temos a potencialidade de pensar. Esta potencialidade, para se desenvolver, gera necessidades, tais como escola, livro, professores. Mas, para isso, deve-se ter condições adequadas como boa alimentação, construção de infraestrutura escolar, preparação e justa remuneração de professores.

Mas, quando se acomoda ou é impedida de realizar suas necessidades e possibilidades, a pessoa sente-se insatisfeita. Esta insatisfação pode ser produzida pelo não atendimento a uma carência ou pela impossibilidade de realizar uma potencialidade. Por exemplo, a potencialidade de pensar pode ser dificultada pela carência de alimentação, moradia e saneamento básico – questões que geralmente estão, também, relacionadas a uma causa social.

Diante de sua satisfação, o indivíduo pode tomar diversos caminhos: a) abrir mão das regras sociais e buscar meios de satisfação considerados ilegítimos, tais como as drogas, o crime, a corrupção; b) resignar-se e canalizar suas carências e potencialidades para práticas compensatórias como servir ou servir-se do assistencialismo; c) juntar-se a outras pessoas e organizar-se coletivamente para conquistar os direitos e a felicidade.

Por isso, Paulo Freire diz que o ser humano é um ser inconcluso e aberto para o ser mais. Esta abertura o torna um ser de possibilidades. Pode desenvolver-se para a direção que escolher ou na qual for conduzido. Ele vê duas grandes possibilidades, "humanização e desumanização, dentro da história, num contexto real, concreto, objetivo, são possibilidades dos homens como seres inconclusos e conscientes de sua inconclusão".[4]

Os animais também têm necessidades e são movidos por elas. O que diferencia o ser humano do animal é o fato de sentir a necessidade no plano da consciência. Isto significa que o indivíduo pode pensar o que está sentindo e pode sentir o que está pensando. Pode escolher.

---

[4] Id., *Pedagogia do oprimido*, p. 30.

Pode conter os seus impulsos e vontades. Pode reler as suas necessidades, mesmo as físicas, e redirecioná-las. E faz tudo isso em relação à sociedade em que vive.

Tomemos como exemplo a necessidade de alimentar-se. Todos têm esta necessidade. Ela é, ao mesmo tempo, carência e potencialidade. Carência porque nenhuma pessoa pode viver sem se alimentar. Potencialidade porque, em tese, pode-se escolher o que comer. Mas a necessidade de alimentar-se nem sempre se realiza conforme o desejo de quem a sente. Isto porque o ato humano de se alimentar constitui uma ação social, tanto no que se refere a costumes, hábitos e tradições como no que diz respeito a ter ou não o que comer.

Comer é necessário, "o quê" comer é circunstancial e cultural. Temos aqui um grande campo aberto: de um lado, a pessoa e suas necessidades, de outro, os produtos e suas propostas de felicidade. Este é o campo que o mercado explora. A satisfação de uma necessidade, deste modo, está relacionada também ao grau de bem estar que provoca. O comer, o vestir, o morar, o locomover, o falar, ultrapassam o nível biológico e alcançam o nível psicossocial.

As regras sociais atuam na satisfação ou contenção das necessidades, ou mesmo na transformação. Por isso, elas podem ser tanto causa de felicidade quanto de infelicidade.

As práticas religiosas também têm na sua base necessidades que movem as pessoas à busca de satisfação. Ao organizar a catequese para crianças de uma comunidade carente, um certo agente de pastoral percebeu que elas eram desmotivadas, sem vida e não aprendiam o que lhes era ensinado. Depois de se irritar algumas vezes com as crianças porque elas não aprendiam, este agente resolveu visitar as suas famílias. Aí sim pode compreender o motivo do desânimo e da dificuldade de aprender: as crianças passavam fome. A sua maior necessidade não era o catecismo, e, sim, a comida. Esta era condição para a eficiência daquele. Assim, descobrir as verdadeiras necessidades das pessoas é um importante passo para uma ação evangelizadora eficaz.

Nem sempre as necessidades aparentes são as verdadeiras necessidades. Elas podem ser compreendidas de formas diferentes.

Metodologia pastoral

As necessidades de uma comunidade paroquial

Padre Arthur, após alguns meses na paróquia, estava diante de uma questão que considerava importante: Qual a necessidade mais urgente da comunidade paroquial? Algumas lideranças repetiam constantemente: o que "está faltando é um líder que leve as coisas adiante". Ele mesmo percebia a desorientação nas atividades evangelizadoras e via certa razão na afirmação das lideranças. Mas não estava certo se a necessidade era mesmo a falta de "um líder forte".

A fala das lideranças poderia ser interpretada de duas maneiras: a comunidade estaria pedindo um líder forte que determinasse as ações ou estaria indicando a necessidade de uma orientação comum para as atividades pastorais. A questão poderia não ser a falta de "um líder forte", mas de uma orientação para a ação. Surge uma nova pergunta para o padre: A fala das lideranças não seria já uma indicação de solução para a necessidade de uma orientação comum para a ação evangelizadora na paróquia? Desta questão, surgiram outras: A organização pastoral deve, necessariamente, residir em pessoas ou pode ser buscada em um processo organizado e continuado de planejamento? Qual o papel das lideranças?

Colocando-se estas perguntas, padre Arthur estava tentando buscar uma resposta provisória para uma questão que somente aparecia de maneira indireta na realidade observada e na fala das lideranças: a necessidade de uma orientação comum para as atividades das diversas pastorais e movimentos presentes na paróquia. Ele percebia as diversas formas de compreensão das carências e potencialidades presentes em uma determinada realidade pastoral, assim como as diversas formas de responder a uma mesma necessidade e de direcionar as possibilidades. As lideranças já indicavam para duas possíveis ideias: a importância das lideranças e uma orientação comum para as ações.

Arthur percebia, desta forma, que as necessidades e as possibilidades podem ser lidas de maneiras distintas e, consequentemente, a ação evangelizadora também pode ser orientada diversamente: através de um conceito forte de líder, compreendido como aquele que concentra e determina a orientação da ação, ou de um processo continuado e participativo de planejamento, coordenado por lideranças que, embora "levem as coisas adiante", não determinem autoritariamente a ação evangelizadora.

As duas formas de compreender a ação evangelizadora têm potencial na realidade do padre, sendo que a forma como fará a opção por uma delas já indicará a sua compreensão de evangelização.

Padre Arthur tratou de logo se fazer ajudar por algumas lideranças, das diversas comunidades da paróquia. Reuniu-as, expôs o que havia pensado, ouviu-as. Algumas delas diziam que seria ele quem tinha de fazer as coisas acontecer, pois havia estudado para isso e deveria saber como agir. Além do mais, as lideranças precisavam trabalhar para prover o sustento da família, e pouco tempo sobrava para a comunidade. Ele ficou pensativo com estas colocações, e perguntava a si mesmo: O que as lideranças estavam querendo dizer? Qual a função do padre na comunidade paroquial? Deve coordenar e conduzir a organização da ação evangelizadora, tomar as decisões e desenvolver as atividades?

Outras perguntas ficaram tomando a mente e o coração dele: Quem deve decidir o que fazer? Como proceder para tomar decisões importantes na vida eclesial? Quais critérios utilizar? A opinião das lideranças é o critério que deve ser seguido ou o padre deve se valer de sua própria intenção?

O padre não tinha resposta que o fizesse se tranquilizar. Por isso, resolveu fazer o registro de suas meditações e das indagações das pessoas com as quais conversou. Continuava ouvindo as pessoas, rezando as suas inquietações e tentando se aproximar mais e mais do cotidiano das pessoas das comunidades. Nas celebrações e encontros comunitários, usava algumas estratégias para que o povo pudesse falar com franqueza sobre a sua vida, seus problemas, suas necessidades, seus sonhos. Sempre escolhia textos bíblicos para serem lidos, conversados e refletidos. Aos poucos as pessoas começaram a se aproximar do padre e até a se oferecer para "fazer alguma coisa na comunidade".

Padre Arthur, então, fez algumas descobertas:

a) aproximar-se das pessoas e mostrar interesse pelas suas vidas pode ser o início do interesse das pessoas pela vida eclesial;

b) as indagações das lideranças, o seu jeito de pensar, as falas do povo deixam transparecer modos de ser Igreja que foram incorporados ao longo das experiências da vida;

c) a opinião pública, a opinião das lideranças, a opinião do padre, as normas institucionais não servem de critério para se tomar decisões sobre os rumos da evangelização. Os critérios devem ser buscados nas fontes, isto é, na Palavra de Deus e na Tradição;

d) a evangelização ocorreu em tudo aquilo que aconteceu: nas reuniões, nas conversas, nas celebrações, no registro, nas estratégias utilizadas para se aproximar do cotidiano das pessoas. Evangelizar é um processo, um modo de ser;

e) as necessidades e as possibilidades humanas são construções pessoais, sociais e culturais, e podem ser revistas e redirecionadas. Não há visão ou opinião neutra;

f) a participação das pessoas no processo de evangelização faz muita diferença para as pessoas e para a vida eclesial;

g) para que tomem parte na ação evangelizadora, as pessoas podem partir de onde elas estão.

Uma proposta de metodologia pastoral

A metodologia pastoral não é uma novidade do nosso tempo. Também não há uma única maneira de se apresentar a metodologia pastoral. Há tantas propostas metodológicas na pastoral, quantos forem os modelos de Igreja e de liderança, como também as noções de mundo, de ser humano e de Deus.

Com o desenvolvimento da área de Teologia Pastoral e sua afirmação como disciplina dos currículos plenos dos cursos de Teologia, a opção consciente por uma metodologia foi se impondo como necessidade da evangelização.

Desde logo, revelamos nossa opção pela metodologia participativa. As fontes da metodologia pastoral participativa podem ser buscadas na prática de Jesus e nas experiências originárias da tradição apostólica. E, se quisermos ir ainda mais longe, lembremo-nos da tradição exodal. Não obstante isso, a Igreja se organiza hierarquicamente. Numa instituição hierárquica o princípio mais importante é o da autoridade, não o da participação. O princípio da autoridade pode ser assumido por aqueles que, ao serem investidos nos papéis institucionais, acreditam estar adquirindo poder sobre os outros. Deste modo, justificam-se as dificuldades em conduzir processos dialógicos e participativos na Igreja.

O modelo de evangelização baseado na autoridade instituída foi em boa parte incorporado pela teologia católica tradicional. Acontece que, depois de ser incorporado pelas pessoas, ele passou a orientar as atitudes e práticas religiosas. Os investidos nos papéis institucionais exercem o poder de decidir. Sentem-se como se fossem os protagonistas da evangelização e, não raras vezes, como que os portadores da verdade. Em contrapartida, os fiéis passam a aceitar uma posição subalterna, gerando atitudes de passividade.

Se, de um lado, o agente de pastoral vê o poder acumulado em si e sente-se no dever de determinar o que tem de ser feito, de outro, os fiéis incorporam a ideia de que não são capazes de decidir e participar do processo evangelizador.

Entretanto, a Igreja Católica, desde o Vaticano II, insiste nos princípios do diálogo e da participação. O *Documento de Aparecida* e as *Diretrizes gerais da ação evangelizadora da Igreja no Brasil*, conscientes da necessidade de transformação da Igreja, falam em dupla conversão: pessoal e pastoral.

> Nossa *conversão pessoal* nos possibilita impregnar com uma "firme decisão missionária todas as estruturas eclesiais e todos os planos pastorais [...] de qualquer instituição da Igreja" (*DAp*, n. 365), exigindo nossa *conversão pastoral*, que implica escuta e fidelidade ao Espírito, impelindo-nos à missão e sensibilidade às mudanças socioculturais, animada por "uma espiritualidade de comunhão e participação" (*DAp*, n. 368).[5]

---

[5] CNBB. *Diretrizes gerais da ação evangelizadora da Igreja no Brasil 2008-2010*, n. 8.

Nas linhas que seguem, vamos tentar trabalhar alguns princípios que fundamentam a metodologia pastoral participativa.

Princípios de metodologia pastoral

Toda ação humana se orienta por princípios, mesmo que sejam inconscientes. No caso de uma proposta metodológica os princípios precisam ser conscientes, ou seja, explícitos, pois eles são os alicerces sobre os quais se constrói o processo metodológico.

Negociar e construir os princípios orientadores da ação evangelizadora é um processo que se faz continuadamente, mesmo que os princípios já estejam registrados. Isto por que não temos nenhuma garantia de, na prática, agirmos conforme os princípios escolhidos pelo planejamento. A prática é que revela nossos verdadeiros princípios. Por esta razão, devemos sempre avaliar a prática segundo os princípios que foram negociados e escolhidos como critérios.

As fontes dos princípios são variadas. Podemos buscá-los nas diferentes áreas de conhecimento. A nós, porém, interessa os princípios das ciências humanas e, de modo especial, da Palavra de Deus e da Tradição.

Destacamos os seguintes princípios: ser humano em processo de construção, criado à imagem e semelhança de Deus; participação e diálogo; Igreja Povo de Deus; Deus Trindade.

Ser humano em construção. Entende-se que o ser humano é inacabado e está em processo de construção. A condição humana não é já dada de uma vez. O ser humano não está pronto e nem há um estado em que se encontre acabado, como se a maturidade fosse a sua linha de chegada. A vida humana é uma construção. Necessidades e possibilidades são construídas e reconstruídas. Esta (re)construção acontece através das relações, de modo que a pessoa tem, também, responsabilidade nesta tarefa. Sendo a vida uma construção, não há quem detenha a sua verdade. Há, sim, processos diferenciados de criação e recriação dos sentidos da vida, relativos a grupos e sociedades, culturas e povos.

Participação e diálogo. A evangelização é vista como um processo participativo. Por participação entendemos a atitude de "tomar, fazer e sentir-se" parte de uma ação ou de um processo. Quem faz parte de um processo sente-se como sendo um dos seus protagonistas. É, por isso, também responsável pelas conquistas e pelos fracassos. As responsabilidades e o poder de decisão são distribuídos entre todos os sujeitos participantes.

Ao lado do princípio da participação está o princípio do diálogo. Os seres humanos se constroem através das relações, e essas acontecem através da linguagem. Ernani Maria Fiori chega a dizer, no prefácio de *Pedagogia do oprimido* de Paulo Freire, que "aprender a dizer a própria palavra é toda a pedagogia, e também toda a antropologia".[6] Impedir o ser humano de expressar-se é um ato violento de opressão.

Diálogo significa a palavra aqui e ali, um com o outro. Para que aconteça um diálogo verdadeiro há necessidade de reconhecimento entre as partes e, ao mesmo tempo, de se colocar num processo em que não há uma verdade derradeira. O diálogo é um caminho fértil para a construção de processos de evangelização em que as pessoas efetivamente se envolvem, são reconhecidas e podem "dizer a sua própria palavra".

Igreja Povo de Deus. Dentro de um processo participativo é necessário construir uma proposta ou um projeto de ação. É o projeto que orienta as ações e medeia as relações entre os sujeitos. Se não houver um projeto explícito, os líderes mais carismáticos ou os instituídos concentram o poder em si e determinam aos outros o que deve ou não ser feito. Neste caso, há quem toma as decisões e há quem as executa. Mas isso não é participação e nem mesmo condiz com a proposta eclesiológica do Concílio Ecumênico Vaticano II, quando este se refere à radical igualdade de todos os ministérios. "Na Igreja, é fundamental *quem* toma as decisões. Pelo mesmo Batismo, que insere todos os cristãos no *tria munera Ecclesiae*, há uma radical igualdade em dignidade de todos os ministérios. Todos são Igreja, portanto todos são sujeitos."[7]

Deus Trindade. Do mesmo modo, o Deus da nossa fé, Pai-Filho-Espírito Santo revela-se participação. São João Damasceno (675-749) usou a palavra "pericorese" para se referir à relação entre as

---

[6] FREIRE, Paulo. *Pedagogia do oprimido*, p. 18.

[7] BRIGHENTI, Agenor. *A pastoral dá o que pensar*, p. 203 (grifo nosso).

METODOLOGIA PASTORAL

três pessoas da Santíssima Trindade. Segundo Susin, pericorese é "comunhão e unidade de alteridades, diferenças em que um está para o outro, com o outro, no outro, sem no entanto anular a absoluta alteridade e diferença do outro. A diferença e o absoluto de cada um constituem a comunhão e a unidade".[8]

Há, portanto, uma radical coerência entre o princípio da participação e a teologia trinitária. Coerência que faz Brighenti ser categórico em afirmar: "Tal como Deus, que nunca se impõe, mas sempre se propõe, na Igreja, *quem não tem o direito de participar do processo de tomada de decisão não tem nenhum dever de participar da execução*".[9]

Os princípios iluminam a ação evangelizadora. Em muitos encontros de formação metodológica que participamos, fomos questionados em relação à possibilidade efetiva dos princípios que aqui abordamos na atual estrutura da Igreja, marcadamente hierárquica. Em outras palavras, é possível ser participativo na atual estrutura paroquial? Geralmente respondíamos com outra questão: É possível sermos cristãos sem a experiência de um Deus Trindade e da participação? A opção por uma metodologia não é feita de acordo com o que mais se ajusta aos contextos e às estruturas eclesiásticas vigentes, mas de acordo com os princípios que fundamentam a nossa fé. Portanto, trata-se de perguntar se a metodologia adotada está de acordo com a Palavra de Deus. Não se trata de abandonarmos os princípios diante das primeiras dificuldades. É ali que a nossa opção será testada. Apesar da angústia no Horto das Oliveiras, Jesus opta por fazer a vontade do Pai, não a sua.

A ação evangelizadora não tem como fugir de uma metodologia. De algum modo, quem se envolve com a evangelização tem de pensá-la e planejá-la. Há os extremos. De um lado, há quem prefira deixar acontecer ao sabor e capricho dos acontecimentos – estamos aqui diante do senso comum. De outro lado, há quem pretenda determinar e controlar totalmente os acontecimentos, os comportamentos e as atitudes. Deparamo-nos, aqui, com o autoritarismo. Em ambos os casos, a participação, a comunhão e unidade de alteridades e a radical igualdade de ministérios não se mostram como princípios que orientam a ação. "O

---

[8] SUSIN, Luiz Carlos. *Assim na terra como no céu,* p. 49.

[9] BRIGHENTI, cit., p. 203.

ideal é ir passando do mais improvisado ao menos improvisado possível; do menos planejado ao mais planejado possível."[10] Estamos diante da necessidade de construir, conscientemente, um processo metodológico.

O objeto da ação evangelizadora

A pergunta sobre o objeto de investigação é comum nas ciências. No caso da ação evangelizadora esta pergunta facilmente é deixada de lado, como se não fosse significativa. Por isso perguntamos: faz sentido perguntar sobre o objeto da ação evangelizadora? Qual seria este objeto?

A ação evangelizadora se realiza entre seres humanos. É impossível flagrá-la em um objeto à parte das relações, do mesmo modo como flagramos uma casa, uma ponte, uma obra de arte. A possibilidade de a ação evangelizadora ser um objeto de reflexão está relacionada à capacidade de observarmos uma realidade que está dentro de nós, mas que se constrói nas relações que temos com os outros, com o mundo e com Deus. "Como a prática pastoral é fruto das relações com outros e com o mundo, vem sempre carregada de subjetividade. O método, então, deve dar conta desses limites [...]."[11]

A questão é que a subjetividade não se manifesta como um limite ou como um estágio a ser superado nas relações humanas; ao contrário, compõe as suas próprias condições de possibilidade. A subjetividade não pode ser eliminada das relações humanas e nem ser transformada em coisa. Ela existe diferentemente de um objeto externo. E se existe, parece que pode ser tomada como ponto de partida para a reflexão.

A evangelização é uma forma de relação humana. É possível tomarmos as relações humanas como um objeto de observação? Sabemos que as relações humanas se realizam através da linguagem: falas, gestos, sinais, símbolos, atitudes, comportamentos, posturas. A linguagem é que possibilita as relações interpessoais. A possibilidade de tomarmos as relações humanas como objeto de reflexão está ligada à probabilida-

---

[10]   Ibid., p. 203.

[11]   BENINCÁ, Elli. Práxis pastoral. In: *Caminhando com o Itepa,* p. 15.

METODOLOGIA PASTORAL

de de construirmos uma realidade através das relações interpessoais em um determinado contexto. Deste modo, a relação é que deve ser focada.

Benincá propõe como objeto de investigação da ciência pastoral a relação agente-comunidade-contexto.[12] Esta definição faz com que o autor tenha que propor um processo metodológico para dar conta desse objeto que não pode ser isolado, dissecado e manuseado como se fosse uma coisa. A este processo metodológico denomina de metodologia histórico-evangelizadora (MHE).

Metodologia: espiritualidade ou instrumento?

Antes de discutirmos a MHE, queremos enfatizar uma ideia síntese da nossa abordagem, qual seja, "encontramos a metodologia pastoral na espiritualidade do agente". O modo de ser de um agente de pastoral revela a sua metodologia.

Metodologia é o espírito da ação. Ao que parece, não há ação humana desprovida de espírito. Isto não descarta a possibilidade de contradições. Podemos pretender uma postura participativa e até mesmo incluir a participação em nossos planos de pastoral e projetos de evangelização, sem que nossa postura seja realmente participativa.

O que acontece, infelizmente, é que a metodologia é vista como um instrumento. Se for assim, a participação pode ser reduzida a um objeto externo à consciência humana e permanecer somente no papel. A inclusão do princípio da participação em nossos planos de pastoral não garante que nossas atitudes e práticas sejam participativas. O princípio da participação deverá tornar-se parte da espiritualidade do agente.

Para descobrir a nossa verdadeira metodologia, faz-se necessário desvendar a nossa espiritualidade, o nosso modo de ser. Para tanto, temos que observar as nossas práticas e atitudes. Construir o objeto de investigação pastoral a partir da observação da prática significa iniciar a construção de uma nova metodologia.

---

[12]   Ibid., p. 15.

Toda metodologia revela um espírito através de um processo. Processo é o conjunto dos passos de uma metodologia. Espírito é a postura que a encarnação de um processo faz nascer. Deste modo, quando fazemos opção consciente por um processo metodológico na prática pastoral, estamos construindo uma nova espiritualidade.

O processo da MHE

A MHE segue quatro passos: observação, registro, sessão de estudos e reencaminhamento. São estes passos, compreendidos em conjunto, que formam o processo e, também, agem para a construção consciente de uma espiritualidade participativa.

O ponto de partida do processo metodológico é a leitura da prática eclesial e dos contextos, devidamente registrada. É desta leitura que se constrói a realidade. Em seguida, a partir dos registros, acontece a reflexão, à luz de critérios para, enfim, se reencaminhar a prática com planos de ação.

Formando um processo, os passos acontecem continuadamente. Não há um porto seguro onde possamos chegar e dizer: já fizemos tudo o que devia ser feito, não é mais preciso observar, registrar, refletir e agir. O ponto de chegada é sempre provisório e transforma-se em novo ponto de partida.

Antes de detalharmos os quatro passos do processo, buscamos compreender a ideia exposta anteriormente, de que a realidade é produzida pela leitura que as pessoas fazem do contexto. O contexto é o mesmo para todos. Ele é um em si. Por exemplo, o centro de uma cidade ou um bairro apresenta-se o mesmo para todos. Contudo, as pessoas se apropriam diferenciadamente deste contexto. É desta apropriação que se produz a realidade. Portanto, a realidade não necessariamente corresponde ao que o contexto é, mas a uma determinada leitura que é feita dele. Esta leitura é realizada pelas pessoas a partir da sua concepção de mundo e, desta forma, não é neutra ou isenta de intenções. Por isso a importância da construção participativa da realidade, utilizando-se de informações, dados e pesquisas das ciências.

METODOLOGIA PASTORAL

Observação: o quê, como, quando, onde...

A observação é parte integrante da condição humana. Desenvolvemos a observação desde o momento em que começamos a nos comunicar com o mundo externo. Ela está inserida em toda a vida e compõe, como parte necessária, direta ou indiretamente, cada ação que fazemos. Os seres humanos se localizam e se comportam a partir das observações que realizam e que projetam.

Mas é também no ser humano que a observação se realiza de acordo com o que já se viu e se experimentou. A consciência é que dá suporte para observarmos. Contudo, a própria consciência é resultado das nossas observações.

Se alguém nos convidar para olharmos tudo a nossa volta dificilmente seremos surpreendidos. Aquilo que nos rodeia já está acomodado em nossa consciência. O que nos surpreende são as coisas novas, nunca vistas ou pelo menos nunca vistas daquela forma que nos surpreendeu. Já foi dito que nascemos curiosos e gradativamente somos educados para a acomodação.

A consciência doma os objetos, as coisas, os fenômenos para não ser surpreendida. Acontece que a consciência também direciona a nossa observação. Ela é que nos faz ver da forma como vemos.

Exemplo interessante é a cegueira dos discípulos de Emaús. Jesus põe-se a caminhar com eles e o texto diz expressamente "seus olhos, porém, estavam impedidos de reconhecê-lo" (Lc 24,16). Sabemos que não se trata de cegueira física. Trata-se de um tipo de cegueira da consciência. Os discípulos esperavam um messias bem diferente de Jesus de Nazaré. "Nós esperávamos que fosse ele quem iria redimir Israel" (Lc 24,21). Então, estavam predispostos a ver um messias de acordo com a projeção que faziam dele. Foi necessário realizar uma nova experiência para que pudessem ver Jesus de Nazaré como messias. Esta experiência ressignificou a consciência dos discípulos.

As nossas observações já são seletivas. Vemos de acordo com o que nos possibilita a consciência.

Há um nível de observação que se ajusta plenamente à consciência prática ou senso comum. Ninguém escapa dele. No decorrer de nossa vida vivemos muitas experiências. A nossa consciência retém o sentido destas experiências. É destes sentidos que nosso senso comum é composto. Por exemplo, se mexemos no fogo e experimentamos que ele nos queima, nossa consciência retém isso de modo que não faremos o mesmo em uma nova situação semelhante. Os sentidos incorporados através das mais diversas experiências de aprendizagem se tornam disponíveis na consciência e informam espontaneamente as nossas ações futuras.

Graças ao senso comum, passamos grande parte de nosso tempo sem ter que pensar cada uma das nossas ações. É ele quem ordena andarmos, pararmos, gesticularmos, escovarmos os dentes, mudarmos as marchas ao dirigir, respirarmos, e assim por diante.

Entretanto, não somente estas ações primárias e intermediárias, mas também as dirigidas intencionalmente têm a sua base no senso comum. Aqui entram as concepções de mundo, sociedade, Igreja, Deus, liderança, entre outras.

Por isso, quando falo "Deus", emerge de minha consciência o que ele significa para mim. E o que significa para mim corresponde à experiência que incorporei durante a minha vida sobre ele. Na consciência dos outros emergirá o que Deus é para eles.

Em diversos cursos em que trabalhamos o tema "Introdução à Teologia" pedíamos, inicialmente, para que cada participante tomasse uma folha e escrevesse sobre Deus. Além das qualidades, deveria escrever também as características físicas. Em um universo de 150 pessoas, Deus se mostrou de muitas e variadas formas. Acentuou-se a ideia de um Deus homem, único, ancião, em meio a nuvens e anjos. O que mais chamou a nossa atenção foi a ausência de Deus Trindade. Quando Deus aparece como pessoa, é apenas uma, e não três, como propaga a nossa fé cristã. Todos os participantes, porém, eram cristãos católicos. Como compreender esta ausência? A experiência religiosa destes participantes não foi certamente em relação a um Deus Trindade. Desse modo, Deus é para nós o que dele experimentamos. O sucesso ou o fracasso na evangelização está relacionado à possibilidade ou não de compreender e ressignificar os sentidos da consciência.

Não temos, ainda, felizmente, um instrumento que nos possa fazer ver e sentir o que os outros veem e sentem. A consciência é uma espécie de confessionário pessoal. É ela que guarda desde as intenções mais públicas até os desejos mais privados.

A consciência é uma construção das relações que vivemos e, ao mesmo tempo, a central de origem das nossas ações, falas, atitudes e comportamentos. Consequentemente, podemos ter acesso à consciência através de ações, falas, atitudes e comportamentos das pessoas. Eis um possível caminho de observação.

Para que a nossa ação evangelizadora não seja o reflexo de nosso senso comum, precisamos acordar em nós a curiosidade e recriar a admiração, o assombro, o espanto, o mistério. Isto não acontece como num passe de mágica. É necessário optar por um processo. Acreditamos que a observação é o primeiro passo deste processo. Cabe perguntar: o quê, como, quando e onde observar?

Já dedicamos uma parte do texto para o objeto da ação evangelizadora. Lá expressamos que o objeto de investigação é a "relação" agente-comunidade-contexto. Agora que abordamos a questão da consciência, fica mais bem justificado a impossibilidade de tratarmos a relação entre pessoas como se fosse uma coisa.

A relação não é uma coisa como um poste, um carro, que o olho flagra por inteiro. Ela é uma realidade subjetiva. A consciência é que retém o que ficou da relação. Por isso, somente através das pessoas que participaram da experiência de relação é possível captar os sentidos de tal realidade. Por consequência, é impossível a somente um dos agentes determinar os sentidos que estão em jogo na relação.

A observação terá como foco a relação agente-comunidade-contexto. É como quando vou assistir a um jogo de futebol. Há 22 jogadores em campo, mas meu interesse não está voltado para os jogadores. Há outro objeto que toma o centro de meu interesse, e ele não é concreto: é o jogo. Os atletas estão jogando, mas eles não são o jogo, embora sem jogadores o jogo não aconteça de fato.

Os agentes eclesiais também estão no contexto para evangelizar, mas eles não são a evangelização. É como se olhássemos para uma comunidade reunida e perguntássemos onde está a evangelização? O conteúdo da evangelização não é dado pela autoridade instituída, muito embora ela possa querer determiná-lo. Ele é resultado da relação entre as consciências individuais em um contexto específico.

Orienta-se que cada agente observe as relações que estabeleceu com as outras pessoas. Pode fazer as seguintes perguntas: Como agi? Como percebi as outras pessoas e suas práticas? Aconteceu a evangelização? Como e por que percebo se evangelizei ou não? Como e por que percebo que fui ou não evangelizado?

Como auxílio indispensável desse processo de observação da prática, vem a observação do local e do contexto. A "localização" da ação evangelizadora: município, região, estado; paróquia, diocese, regional. A "contextualização": dados demográficos (número de habitantes, população católica, de outras igrejas, rural e urbana, crianças, jovens, adultos, idosos...); dados econômicos (PIB do município, renda *per capita*, distribuição de renda, pobreza, fontes de renda, desemprego...); dados socioculturais (predominância étnica, festas, costumes; mobilidade humana, mudanças nos hábitos, educação, família, instituições...); dados eclesiais (estruturas, organização – organograma, número de comunidades, comunidades rurais, comunidades urbanas, números de agentes, pastorais, metas, atividades, planos, projetos...).

É evidente que esse processo exige uma opção. É um processo participativo em que o agente assume, junto com a missão que tem em conjunto com outras pessoas, a missão para consigo próprio.

Passamos, agora, para o segundo passo do processo, o registro das observações.

Registro: o quê, como, quando, onde...

O registro é como que uma memória da ação realizada. Memória que deverá ser escrita, caso contrário, se dilui na consciência como qualquer outra experiência realizada.

O registro da observação possibilitará ao agente ter em mãos algo bem concreto para refletir. Como dizíamos antes, o objeto da ação evangelizadora é uma realidade subjetiva, construída e retida pela consciência. No registro esta realidade ganha um corpo concreto, permitindo análise e reflexão.

O registro da observação é uma tentativa de objetivar os sentidos da evangelização retidos pela consciência, a fim de que possam ser refletidos para, se for o caso, transformá-los. Escrita, a observação fornece a possibilidade de repensar e reorganizar ações e projetos.

A Bíblia, por exemplo, é resultado de um processo de registro. Temos aí uma série de registros de experiências e práticas de pessoas, famílias, clãs, grupos e povos. Sem o registro, não teríamos a Bíblia. Mas o registro não tinha apenas uma finalidade num futuro distante. Ou seja, os que registravam não estavam preocupados com quem porventura viria a ler aquelas linhas futuramente. Pelo contrário, estavam preocupados com a vida presente. Na maioria das vezes, pretendiam melhor orientar a vida pessoal, a familiar e a grupal.

O que registrar?

Olhemos para a Bíblia. Não há uma regra única do que e de como se registram as experiências e práticas pessoais e coletivas. Sua literatura é diversificada: há descrições, orações, anotações de normas, discursos, parábolas, novelas, estórias, fábulas, salmos, hinos e poemas. Registram-se e sistematizam-se as experiências significativas que compõem a memória do Povo de Deus.

A diversidade de formas de registrar compõe a própria riqueza da Bíblia. Há, porém, um fio que costura a pedagogia bíblica: a relação entre Deus, as lideranças e o povo, nos contextos sociocultural, econômico, político e religioso da época. Daí é que tiramos a referência principal do registro: a relação entre o agente (liderança), a comunidade, o contexto e a graça divina. Cada agente poderá desenvolver formas próprias de registrar. O importante é que ele foque a relação e nunca a perca de vista.

De forma direta diríamos: o agente se reporta à sua prática e registra suas percepções, seus sentimentos, seus pensamentos ocultos, suas falas, suas atitudes, as reações das outras pessoas, as falas das outras pessoas, falas e atitudes suas e dos outros que lhe trouxeram maior e menor satisfação ou que lhe causaram incômodo, os sentimentos expressados, o ambiente onde aconteceu a prática, as influências de outros agentes sobre este ambiente, fatos ou situações que lhe chamaram a atenção, enfim, tudo que possa ser descrito sobre a relação com a comunidade, em determinado contexto. É importante registrar também o porquê de suas reações e sentimentos.

Há registros de muitas ações de desvio dos planos de Deus. A construção do bezerro de ouro, no capítulo 32 do Êxodo, é um desses exemplos. É bem provável que as pessoas, ao realizarem aquela ação, acreditassem estar fazendo o melhor. Ao registrarem aquela experiência, procuraram ser fiéis ao que sentiram e viveram naquele momento. Do mesmo modo, Moisés, que ali tinha um papel de liderança, ao ver o povo dançando e cantando ao redor do bezerro "acendeu-se em ira; lançou das mãos as tábuas e quebrou-as no sopé da montanha. Pegou o bezerro que haviam feito, queimou-o e triturou-o até reduzi-lo a pó miúdo, que espalhou na água e fez os filhos de Israel beberem" (Ex 32,19-20).

O registro procura ser o quanto possível fiel à experiência vivida. Contudo, ele é a leitura que aquele que registra faz daquela experiência, não a experiência em si.

Os israelitas não compreenderam o alcance de sua ação no momento de realizá-la. Quando esta ação foi *re*-trazida à memória e confrontada com as tábuas da Lei, foi possível descobrir os desvios. Olhando com cuidado, percebemos que, ao realizar o registro, o agente se reportou à prática ou ao fato do qual participou. O registro de um agente, porém, não dá conta de revelar todas as facetas daquela prática. É sempre um olhar limitado, feito por um dos agentes. Por esta razão, o princípio da participação nos lembra da necessidade de todas as pessoas tomarem parte nas ações, tanto na sua realização como na sua reflexão.

O registro possibilitou, também, refletir o porquê daquela ação e a retomada do caminho indicado por Javé. A prática registrada é o ponto de partida para a reflexão. Serve, além disso, de referência para as gerações futuras. No item da "sessão de estudos" abordaremos detalhadamente a questão da reflexão da prática.

Como registrar?

Os mais diversos relatos bíblicos também servem de exemplo sobre como registrar. Vejamos uma breve passagem do livro de 1Rs 19,1-8. Sob a ameaça de Jezabel, Elias foge pelo deserto. Senta-se debaixo de um junípero e pede a morte, dizendo: "Agora basta, Iahweh! Retira-me a vida". A experiência relatada envolve várias pessoas. É provável que nenhuma destas pessoas e nem Deus tenha redigido o texto. Mas aquele que registrou a experiência procurou recriar os sentimentos, interesses, as necessidades e reações de cada um dos personagens naquele contexto.

Outro exemplo é a arte. Reportemo-nos ao teatro. No palco estão os atores e as atrizes que vivem uma estória. Os que assistem a uma peça teatral participam de um espetáculo que dificilmente seria o mesmo, caso apenas lessem o texto escrito pelo teatrólogo. Os atores e atrizes, no palco, transformam em experiência vivida um texto escrito. O agente de pastoral, ao contrário, registra uma experiência vivida. Daí a necessidade de pormenorizar os sentimentos, as reações e atitudes de todas as pessoas envolvidas para que um possível leitor possa experimentá-los mesmo não tendo participado deles.

Quando registrar?

O registro é uma das atividades de evangelização em que o agente é convidado a olhar para a sua própria prática, ou, mais precisamente, para aquilo que da prática permaneceu na consciência. Por isso, é realizado num momento posterior à prática.

Neste aspecto a prática de Jesus nos ensina muito. Não há relatos de que Jesus tenha sido pego com pergaminho, escrevendo. Isso era reservado aos ambientes formais, como as escolas tradicionais dos judeus e gregos, onde havia recursos para isso. Jesus usa os recursos do seu tempo e da sua região: os relatos familiares, as parábolas do mundo agrícola, as alegorias religiosas, o silêncio etc. Há muitos relatos de Jesus pego em oração ou convidando os seus discípulos para ficar a sós e rezar. O espaço da oração é onde Jesus se reporta à sua prática e a passa em revisão.

Onde registrar?

Um dos instrumentos que temos hoje para manter a memória viva é o registro escrito. Desta forma, ele é feito num caderno ou numa pasta de arquivos do computador. Sempre tendo o cuidado com o extravio. Em caso de ser feito no computador, devemos gravar também em discos ou *drives* removíveis.

O caderno ou pasta de registros é o conjunto de textos que compõem o itinerário da ação evangelizadora.

Mas, quando o trabalho é realizado com pessoas que não tenham acesso aos meios de registro escrito ou que até mesmo não saibam escrever, como proceder?

Em 1991 um grupo de pesquisadores definiu observar o comportamento religioso de uma vila da cidade de Passo Fundo. Mas, como eram estranhos à vila, os seus moradores resistiam a revelar o que pensavam e sentiam. Nas tentativas de descobrir os sentidos, os agentes perceberam que as pessoas da comunidade ocultavam informações, dizendo apenas aquilo que sabiam ser bem recebido pelos agentes. À medida que tomaram confiança nos pesquisadores, mudaram de comportamento e começaram a informar os problemas realmente existentes na comunidade. O segundo empecilho que dificultava a pesquisa era o fato de dois dos pesquisadores não terem como registrar as suas observações, pois não sabiam ler nem escrever. Para superar esta segunda dificuldade, o grupo decidiu que os dois fariam observações e conversariam com a comunidade, principalmente com pessoas idosas e doentes – foco de observação principal – e, nas sessões de estudos, contariam o que haviam feito, o que tinham percebido e o que tinham ouvido falar. Esta estratégia possibilitou a sistematização das observações e a descoberta de aspectos antes ocultos, como, por exemplo, que a comunidade considerava como problema mais grave a fome das crianças. Em razão desta descoberta, foram planejadas atividades que pudessem atender a esta necessidade.

O agente de pastoral deve ficar atento às formas de comunicação e de memorização a que os outros agentes e a comunidade estão habituados, para, a partir delas, conduzir os passos de sistematização das observações necessários para a eficácia da ação evangelizadora.

Para que registrar?

O ato de registrar tem uma função pedagógica importantíssima. Aprendemos muito ao realizar um registro. Pelo menos é isso que com-

METODOLOGIA PASTORAL

partilham os que têm o hábito de registrar as suas práticas. Às vezes, fazem-se grandes descobertas durante o ato de registrar. Descobertas que até mudam o nosso próprio modo de ser.

Uma mãe de família queixava-se com problemas de relacionamento com uma filha adolescente. Na conversa da mãe o problema era a filha. Em nenhum momento, no seu depoimento, deixou perceber qualquer dúvida sobre o seu comportamento de mãe. Aconselhada a utilizar o método da observação e do registro, tomou uma caderneta, guardou-a no fundo do armário, para que a filha não a descobrisse, e começou a anotar todas as reações da menina, principalmente os assuntos que a mesma falava. A mãe começou a ouvi-la atentamente e inclusive a fazer-lhe perguntas sobre os temas que ela abordava. À noite registrava tudo em sua caderneta. A atitude tradicional da mãe levou-a a apenas observar o comportamento da filha. Sentia-se, porém, feliz pelas descobertas que vinha fazendo sobre o mundo da adolescente. À medida que acontecia o registro, a mãe se colocava novas perguntas e dúvidas. Começou então o processo de diálogo.

Sentava-se ao lado da filha, conversava com ela sobre as questões não claras. Numa dessas falas a filha fixou a mãe e perguntou: "O que está acontecendo com você? Nunca conversou comigo. Só sabia xingar. Por que agora você vem e fala, conversa e se interessa pelos meus problemas?". Naquela noite a mãe registrou: "Por que foi tão difícil descobrir que ela não é um objeto, mas minha filha? Como sou cega! Só via os seus problemas. Nunca imaginei que o jeito de me relacionar com ela também era problema para ela".

O registro rigoroso corrigiu o método de investigação, colocando a mãe como sujeito em relação a outro sujeito, e operou a transformação de uma e outra.[13]

A importância do registro vai além desta aprendizagem que acontece no ato de realizá-lo. O registro é uma referência insubstituível para a reflexão da ação. Novamente a Bíblia nos ensina. A necessidade de passar a escrever as experiências memoráveis da história do Povo de Deus surgiu gradativamente, conforme mais distantes as gerações ficavam dos eventos originários e de acordo com as necessidades urgidas pelo tempo presente. A partir do momento em que as experiências

---

[13] Id., *Caderno de formação*, n. 2, pp. 47-48.

estavam registradas, isto é, escritas, elas permaneciam materializadas. Muitas vezes eram relidas não somente como memória, mas como referência para a ação presente. Não se tomava o texto bíblico como verdade, mas como referência para reflexão.

Para facilitar e qualificar a reflexão podem ser feitos encontros em grupos, em que os registros são lidos ou as memórias partilhadas, através de relatos. A estes encontros chamamos "sessões de estudo", tema que trataremos a seguir.

Sessão de estudos: reflexão

A sessão de estudos é o espaço no qual acontece a partilha dos registros e a reflexão da ação. Para tanto, é indispensável ao agente de pastoral se auxiliar de critérios. Estes possibilitam discernir a sua prática pastoral.

A consciência, apesar de ser o que de mais precioso temos, não é o melhor critério para tomarmos decisões em momentos cruciais da nossa existência, como também da vida da comunidade eclesial. Mas não é difícil encontrar pessoas que dizem: "vou fazer de acordo com a minha consciência". Se adotarmos a consciência como critério, não haverá acordo ou consenso, em razão do seu caráter subjetivo. Cada um poderá agir segundo os seus próprios interesses. Nem haverá possibilidade de conversão, pois não há um contraponto à consciência de tal modo qualificado para fazer com que ela aceite mudar. É necessário construir critérios. Quais são as referências para isso? Duas são as referências principais para nós, cristãos: a Palavra de Deus e a Tradição eclesial.

Na chave de leitura cristológica, vimos como Jesus procurava refletir a sua prática e a dos discípulos tomando como referência a vontade do Pai. Jesus diz, expressamente, no início de sua missão: "Meu alimento é *fazer a vontade daquele que me enviou* e consumar sua obra" (Jo 4,34); "desci do céu não para fazer a minha vontade, mas *a vontade daquele que me enviou*"(Jo 6,38).

Os textos citados demonstram que a vontade do Pai era um dos princípios da ação evangelizadora de Jesus. Este princípio, quando tomado por Jesus como referência para avaliar a prática, se torna um critério. Mas há também exemplos, nos textos evangélicos, da possibili-

Metodologia pastoral

dade de tomarmos a consciência como critério. É o caso de Pedro, por exemplo, no episódio do lava-pés. A atitude de não aceitar que Jesus lave os seus pés mostra que Pedro se orientava pelo senso comum da época com relação ao papel de liderança. Ou seja, era muito difícil para ele compreender por que Jesus, o mestre, se colocava como servidor. O senso comum da época dizia que o mestre deveria ser servido pelos discípulos, e não o contrário. Jesus, porém, se orienta pela vontade do Pai e mostra que o mestre é aquele que serve.

Há outras passagens nos Evangelhos em que Jesus expressa o princípio de sua missão e o critério de avaliação da prática. Não é adorando em palavras que construiremos o Reino de Deus: "Nem todo aquele que me diz 'Senhor, Senhor' entrará no Reino dos Céus, mas sim *aquele que pratica a vontade de meu Pai* que está nos Céus" (Mt 7,21). Jesus deixa a sua vontade para fazer a vontade do Pai: "não procuro a minha vontade, mas *a vontade daquele que me enviou*" (Jo 5,30). A verdadeira família de Jesus é aquela que pratica a vontade do Pai: "aquele que fizer a *vontade de meu Pai* que está nos Céus, esse é meu irmão, irmã e mãe" (Mt 12,50). Apesar das dificuldades e conflitos, Jesus leva a vontade do Pai até o fim: "E afastou-se deles [os discípulos] mais ou menos um tiro de pedra, e, dobrando os joelhos, orava: 'Pai, se queres, afasta de mim este cálice! Contudo, *não a minha vontade, mas a tua seja feita*'" (Lc 22,41-42).

Os princípios da participação, do Deus Trindade, do ser humano em construção, da Igreja Povo de Deus, abordados no início deste texto, também podem ser tomados como critérios para a reflexão. A partir deles podemos, aqui, perguntar: Os registros revelam que o agente agiu participativamente? Podemos ver sinais da Trindade na ação do agente? A postura do agente é de alguém que está em construção? Que modelo de Igreja está presente na ação do agente?

Reencaminhamento

Os três passos anteriores possibilitaram ao agente construir um processo de observação registrada da relação com a comunidade e com o contexto e, além disso, refletir criteriosamente. O passo do reencaminhamento pretende ser a ponte para uma nova prática. É aqui que o agente – ou os agentes – projeta as metas e as atividades, seguindo as orientações oriundas da reflexão. É possível que Pedro, ao ser confrontado com o critério da vontade do Pai, proposto por Jesus no lava-pés, tenha repensado a sua prática.

Os planos de ação evangelizadora são um instrumento muito importante para organizar as decisões e encaminhar as atividades de um processo de planejamento. Na chave de leitura metodológica, expomos detalhadamente como pode ser realizado um processo de planejamento e a elaboração de planos de ação evangelizadora. Cabe aqui, porém, dizer que as metas e as atividades escolhidas no processo de reflexão, para orientar uma nova prática, precisam ser encaminhadas por um novo processo de planejamento.

Por exemplo, uma assembleia paroquial, depois de analisar a realidade construída sobre o contexto paroquial, percebeu que as lideranças têm carência de formação bíblica. Decidem, então, que uma das metas para o ano seguinte é a organização de uma escola bíblica para as lideranças. Estas decisões são registradas no plano de ação evangelizadora. A comunidade paroquial poderá satisfazer-se com a ideia de que a meta está no plano e nem mesmo se preocupar em realizá-la. Poderá confiar a execução da meta a um grupo de especialistas que dará o curso para as lideranças. Mas também poderá organizar esta atividade através de um processo de planejamento participativo. Caso opte pelas primeiras duas formas, o planejamento acabará com a construção do plano, somente podendo ser retomado quando o plano vigente for revisto. Caso opte pela última proposta, o planejamento acompanhará todo o processo de ação evangelizadora. Portanto, os passos observação, registro, sessão de estudos e reencaminhamento acontecerão no interior de cada uma das atividades a serem realizadas.

Já citamos o texto bíblico dos discípulos de Emaús. Se observarmos atentamente o texto, perceberemos que lá estão os quatro passos do processo da metodologia histórico-evangelizadora. Jesus realiza um processo de observação, depois faz memória histórica, em seguida propõe critérios de reflexão e celebra para, enfim, os próprios discípulos decidirem reencaminhar-se para Jerusalém.

CAPÍTULO 5

Evangelização em chave de leitura didático-pastoral: posturas pastorais[1]

Propomos, neste capítulo, uma possibilidade de leitura das várias posturas que podemos assumir em nossa ação evangelizadora.

A pastoral está entre os modos de ação que somente se realizam entre seres humanos. É, portanto, um modo de ação que se define na relação. Antes de ser um objeto de reflexão, a pastoral é um processo que se dá entre pessoas.

O pastoreio é uma atividade milenar. Alguns textos do Primeiro Testamento mostram que a atividade de pastorear era comum entre o povo de Israel. Gênesis 4,2 diz que: "Abel tornou-se pastor de ovelhas". Caim, seu irmão, "cultivava o solo". A narrativa segue apontando para certa preferência de Deus em relação ao pastor. "Passado o tempo, Caim apresentou produtos do solo em oferenda a Iahweh; Abel, por sua vez, também ofereceu as primícias e a gordura do seu rebanho. Ora, Iahweh agradou-se de Abel e de sua oferenda. Mas não se agradou de Caim e de sua oferenda" (Gn 4,3-8).

A alegoria da relação pastor-ovelhas será uma marca importante no Primeiro e no Segundo Testamentos para se referir às relações entre Deus e o povo de Israel, entre o povo e seus líderes. O Salmo 23 expressa em forma de hino o primeiro caso: "Iahweh é meu Pastor, nada me falta. Em verdes pastagens me faz repousar [...]". Um texto de Isaías

---

[1]   Este texto é parte da monografia que tem como título *Um olhar sobre a pedagogia pastoral participativa*, elaborada por Rodinei Balbinot como requisito para a conclusão do Curso de Teologia e Pastoral no Instituto de Teologia e Pastoral (ITEPA). Foi realizada uma pequena revisão.

METODOLOGIA PASTORAL

indica, com bastante precisão, a relação da atividade do pastor com o exercício do poder:

> Eis aqui o Senhor Iahweh: ele vem com poder, o seu braço lhe assegura o domínio; eis com ele o seu salário, diante dele a sua recompensa. Como um pastor apascenta ele o seu rebanho, com o seu braço reúne os cordeiros, carrega-os no seu regaço, conduz carinhosamente as ovelhas que amamentam (Is 40,10-11).[2]

Todo o capítulo 34 de Ezequiel faz uma comparação entre o bom e o mau pastor, referindo-se ao bom e ao mau líder. Esta alegoria servirá de base para o discurso de Jesus diante dos fariseus no capítulo 10 de João.

Este texto de João que se refere ao pastoreio é emblemático. A motivação da fala de Jesus no capítulo 10 é a polêmica que gerou entre os fariseus a cura de um cego de nascença em dia de sábado (cap. 9). Jesus se dirige aos fariseus fazendo uma relação entre o bom e o mau pastor e mostrando qual é a função central do pastor, conduzir.

> o bom pastor dá a sua vida pelas ovelhas. O mercenário, que não é pastor, a quem não pertencem as ovelhas, vê o lobo aproximar-se, abandona as ovelhas e foge, e o lobo as arrebata e dispersa, porque ele é mercenário e não se importa com as ovelhas. Eu sou o bom pastor; conheço as minhas ovelhas e as minhas ovelhas me conhecem, como o Pai me conhece e eu conheço o Pai. Eu dou minha vida pelas minhas ovelhas. Mas tenho outras ovelhas que não são deste redil: devo *conduzi-las* também; elas ouvirão a minha voz; então haverá um só rebanho, um só pastor (Jo 10,11-16).[3]

Jesus está se direcionando a líderes judeus. Pretende, com a alegoria, revelar a forma autoritária e opressora do exercício do poder. A alegoria tem um destinatário que soube compreendê-la corretamente. A questão, porém, é que a interpretação desta alegoria pode tomar como referência o comportamento das ovelhas e transportar a forma de relação de poder do pastor e suas ovelhas (ser humano-animal) para a relação ser humano-ser humano. O significado do texto pode ser mu-

---

[2] Outros textos do Primeiro Testamento que se referem ao pastor: Nm 14,33; 1Rs 22,17; 2Cr 18,16; Sl 80,1; Is 44,28; Is 56,11; Jr 2,8; 3,15; 10,21; 17,16; 23,1; 23,4; 31,10; Am 1,1; 3,12; Zc 10,2; 11,16; 13,7.

[3] Outros textos do Segundo Testamento que se referem diretamente ao pastorado: Mt 9,36; 25,32; 26,31; Mc 6,34; 14,27; Lc 2,8; 2,20; Ef 4,11; Hb 13,20; 1Pd 2,25; 5,4.

dado, completamente, assim como a interpretação da alegoria feita por Jesus. Pode-se justificar o exercício autoritário do poder por parte do pastor em razão de as ovelhas não terem capacidade de decidir. O pastor (sujeito do poder) conduz as ovelhas (objeto do poder). Ele detém o segredo das boas pastagens e das boas águas. Elas não fazem sua própria opção – são passivas –, seguem-no para as boas e as más pastagens.

Mas não se trata de eliminarmos o bom pastor de nossas referências. Trata-se, antes disso, de ressignificarmos a alegoria do bom pastor. Como já o dissemos, a alegoria do bom pastor foi usada por Jesus em um contexto bem específico e com objetivos determinados. Ao que parece, não podemos, simplesmente, transportá-la do seu contexto original e usá-la como paradigma (modelo) de evangelização. É ainda significativo o paradigma do bom pastor, mas ele deve ser construído para além da alegoria.

O que nos interessa, neste texto, é discutirmos os dois modos de relação que estão presentes no contexto da alegoria do bom pastor: um que considera a relação na pastoral como de sujeito para objeto, e outro que considera a relação como de sujeito para sujeito.

Destes dois modelos de relação derivam várias posturas pastorais. Vamos descrever, de maneira sintética e por itens, sete posturas na relação pastoral. Do modelo de relação sujeito-objeto surgem as posturas: tradicional, positivista, do senso comum, basista, comercial e carismática. Do modelo de relação sujeito-sujeito se constrói a postura participativa.

Vamos fazer isto de modo didático, sem nos preocuparmos com a reconstrução das raízes teóricas de cada postura. A finalidade deste texto é provocar um diálogo reflexivo da prática pastoral.

Postura tradicional

O agente

O agente condutor, nesta postura, é o determinante no processo. Ele é o sujeito da ação. As outras pessoas não são compreendidas propriamente como sujeitos. Elas desaparecem por trás de um protótipo denominado fiel. O agente se relaciona com os fiéis. Nesta postura, o agente não precisa de conversão nem de evangelização, pois detém a autoridade enquanto ocupa um papel na instituição.

É bom dizer que o agente dificilmente se considera autoritário. Quando é investido em um papel na instituição, ele assume também o tipo de poder que irá exercer. Baseia sua ação nas determinações da hierarquia eclesiástica e tenta fazer de tudo pela instituição. Sua principal função é garantir a sobrevivência e a manutenção desta instituição. O ponto de partida do agente é o discurso. Na sua reflexão não considera o contexto e nem as pessoas com que se relaciona.

O método

Para manter o controle, o agente faz uso de determinações. Não há consulta ou participação nas decisões. Predominam as determinações advindas da autoridade. As pessoas são convidadas a fazer parte apenas na execução de tarefas já preestabelecidas.

A pedagogia é a da instrução verbal e sua finalidade principal é o repasse da doutrina. As estratégias mais usadas são: cursos, palestras, catequese, homilias expositivas – não requerendo nem possibilitando a participação questionadora das pessoas.

O enfoque preponderante está sobre a informação de determinações, normas e doutrinas.

O poder

O poder é inerente à instituição. Entende-se que os papéis institucionais conferem capacidade às pessoas que são neles instituídas. Papel é o cargo que o agente ocupa. Não se pergunta se o agente tem condições para assumir o papel, porque o saber e a autoridade lhe são conferidos pelo próprio papel, e não construídos.

Assim sendo, o agente, quando investido no papel institucional, assume também o poder e o saber, e age como se os tivesse de fato. Por exemplo: se até então uma pessoa era apenas fiel presença nas celebrações da comunidade e devia obediência ao instituído, mas foi investida num ministério, ela passa a entender que tem poder e saber para tal, muitas vezes, sem ter de fato o conhecimento para exercer aquele ministério. Não é raro escutarmos comentários do tipo: "antes ele não era assim, era mais simples, aberto, depois que assumiu o cargo se tornou autoritário".

A comunidade

A comunidade é o grupo de fiéis reunidos em torno dos sacramentos. Submete-se. É vista como ignorante e, por isso, deve aprender do agente, obedecer, aceitar – espera tudo do agente. É bom ter presente que a comunidade não faz esta reflexão, porque, neste modelo, a comunidade não reflete. Se for perguntada sobre o agente, dirá que está tudo bem.

A comunidade é objeto nas mãos de quem detém a autoridade. Precisa ser convertida, evangelizada – é subalterna.

Os conflitos

Quando aparecem conflitos, são interpretados como desvio da ordem estabelecida e baderna. Logo o agente deve intervir para restabelecer a ordem e harmonizar as relações. O modo de relação tradicional é unilateral. Não se admite, porém, confronto ou questionamento. Os conflitos são considerados ameaça à ordem "natural" – não raras vezes são vistos como forças do mal.

O conservadorismo

A postura tradicional caracteriza-se fundamentalmente pelo conservadorismo. Se o agente instituído questionar a ordem vigente, tanto na Igreja como na sociedade, perderá a autoridade, pois esta não está nele, mas no papel institucional. Deste papel se espera que exerça a sua função. Quando a pessoa nele investida deixa de cumpri-lo como o quer a ordem estabelecida, deve ser substituída. Parece que o pano de fundo ou o núcleo central é a defesa da ordem institucional.

O contexto

Visto ser uma postura que se centra na defesa da instituição, não se interessa pelo contexto em que está a comunidade. Pretende-se uma postura política, econômica e socialmente neutra. Entende-se que a Igreja é a portadora da verdade e, por isso, deve repassá-la à sociedade, mesmo que isso exija uma postura autoritária. A postura tradicional requer e prega a obediência a todos os poderes instituídos.

Postura positivista

O agente

O agente é o investigador. É ele quem define o objeto (que é somente a comunidade). Ele é o fazedor da ciência, produz o conhecimento. A verdade passa a ser definida pela ciência. Em primeiro lugar, o agente preocupa-se com a definição de um objeto de investigação; em segundo lugar, realiza a observação deste objeto; depois, estabelece uma lei ou norma de comportamento. Daí derivam as formas de planejamento excessivamente formais, burocráticas e técnicas.

A partir do estabelecimento de uma lei, a observação será relativizada e as pessoas são enquadradas em chavões genéricos tais como: "as crianças da catequese não querem nada com nada", "os pais não participam da catequese", "somente vêm à Igreja quando precisam de um sacramento" etc.

Não interessa o que dizem as pessoas da comunidade. Importa mesmo o que já está definido na mente dos agentes condutores. Se as propostas de evangelização condizem com o que pensa o agente, é direito e tem de ser feito; se não condizem, devem ser mudadas. A visão socioeclesial é funcionalista. Entende-se que uma boa Igreja é aquela que funciona. Para tanto, cada membro deve cumprir com fidelidade o seu papel. A questão não é a qualidade da ação evangelizadora, mas o funcionamento da instituição. Há, aqui, um ponto de cruzamento entre as posturas tradicional e positivista.

O método

Está centrado na experimentação, mais precisamente no processo de ensaio e erro. O agente parte de fatos passados que, em sua visão, deram certo. Considera a comunidade como um objeto de investigação passivo, que está para ser manipulado e deve ser conduzido por outros. Embasa-se no método das ciências exatas, fundamentado na relação sujeito-objeto que segue o seguinte processo: observação, registro, elaboração de hipótese, estabelecimento de lei universal.

A mediação pedagógica utilizada é a informação e o domínio do fazer técnico. O agente deve ter um saber-capaz-de-fazer.

O poder

O poder vem da lei e está na função. O papel tem uma função bem definida. Não vai além daquilo que prevê o direito. Quem define a lei, por sua vez, são os poderes instituídos – os que ocupam papéis. A pastoral é realizada com base em leis.

A comunidade

A comunidade é mero objeto, não tem parte na ação; é presa da lupa do agente. Está submissa à ordem determinada em lei. A Igreja é constituída de: a) detentores de papéis institucionais e b) estrutura material. Igualam-se povo e massa.

Visão de pessoa humana estática, predeterminada. Atingir a maturidade é ter um comportamento conforme a lei. Ou seja, ver as coisas sob a ótica das leis estabelecidas. A pessoa é passiva na ordem do conhecimento e da pastoral. É objeto das leis nas mãos do agente.

Os conflitos

Também não se toleram conflitos, porque a visão é funcionalista. Tudo tem o seu lugar. Se houver algum conflito, é porque a lei e a ordem foram desrespeitadas, transgredidas. Procura-se aquele que provocou a ruptura com a lei e é feita a interferência no seu comportamento. O sistema é considerado perfeito. Os fiéis sentem-se seguros porque a ordem é rígida e respeitada.

O legalismo

A característica fundamental desta postura é o legalismo. Há centralidade do burocrático. Vale somente o que está no papel. Vale o documento, o positivo – o que é legitimado pela autoridade competente, que conhece a lei.

O contexto

O contexto, depois que existe a lei, passa a não mais interessar para esta postura. Ele interessa somente quando é preciso provar uma norma. Então, faz-se um inventário de fatos que comprovam o que se quer provar, utilizando-se do adágio de que "contra fatos não há argumentos".

Postura do senso comum

O agente e a comunidade

O agente não aparece, não se diferencia agente de comunidade, tudo é a mesma coisa. Acontece um nivelamento. Acredita-se que todos são iguais, embora se admitam a desigualdade social e a desigualdade de funções. A opinião do agente "é a que todos têm". Acontece uma homogeneização.

As pessoas não são sujeitos. Estão presas a um consenso forçado, ou seja, à opinião pública.

O poder

A postura do senso comum aceita a legitimidade do poder instituído. Acontece uma mescla da postura tradicional, da positivista e da basista. Se o agente vive em um contexto que demanda forte autoridade, ele se adapta e age autoritariamente. Se, ao contrário, está em um ambiente que requer participação, tenta agir participativamente.

Os conflitos

Não há conflitos. Estes, quando aparecem, referem-se a um problema individual. A solução respeita as regras que a sociedade ou a instituição impõem.

A fragmentação

Não se procura e nem se tem a necessidade de buscar os "porquês" das coisas, isto é, não se problematiza. O agente convive tranquilamente com princípios e contextos contrários. Acontece a fragmentação de posturas que aparecem nas afirmações genéricas do tipo: "Tudo é a mesma coisa", "sempre foi assim", "nunca vai mudar", "pau que nasce torto nunca se endireita", "políticos são todos iguais" etc.

O contexto e o método

O contexto é tido como norma e fonte da ação. Mas há rejeição de teorias mediadoras da leitura do contexto – "para que complicar?". Contexto é o universo onde se vive. É o que está aí e que não se pode negar. Como não se pode negar, pensa-se que também não se pode mudar.

Não se guia por um método, mas adapta-se conforme o ambiente. Acontece a fragmentação das diversas posturas, que se transformam em consciência prática. Quando se vive em ambiente tradicional, rechaça-se o método participativo. Quando em um ambiente participativo, questiona-se o método tradicional.

Postura basista

A base e o agente

O agente "diz que se submete" à vontade da base, em que deposita o saber e justifica o poder. Ele se considera portador de conhecimentos que foram extraídos da base. Muitas vezes o basista diz: "O povo sabe". O agente basista critica processos formais de educação. Por exemplo, ele diz que o verdadeiro conhecimento vem da base e desqualifica a escola.

Quando apela para a base, é porque está tentando justificar uma decisão ou legitimar um discurso. Na verdade, não há conscientização, reflexão e participação da base.

O método

A postura basista, do mesmo modo que a do senso comum, não se orienta sistematicamente por um método.

O poder

Aceita o conceito de poder da pastoral tradicional. Embora se considere em oposição a esta postura, a relação na postura basista é, também, unilateral. O poder, portanto, está na autoridade que se atribui à base, da qual o agente se sente representante. No fundo, o poder está no agente, que, por sua vez, escamoteia sua dominação – às vezes sem o saber – na ideia de que faz tudo o que quer a base.

Os conflitos

Os conflitos se originam da revolta que os agentes têm em relação à instituição ou aos poderes constituídos. O agente revoltado sente-se porta-voz do que o povo quer e do que o povo não quer, mesmo sem consultá-lo e ouvi-lo. Quer a conversão da instituição, mas não considera nenhum processo. Não há a consciência de que sua postura é unilateral. Por esta razão, os conflitos não chegam a ser confronto, pois o basista não tem propriamente um projeto nem condições de fazer uma análise teórica, tendo em vista que se serve do discurso.

O ativismo

A característica básica desta postura é o ativismo. O agente perde-se em atividades sem fazer planejamento. O que importa é agir. Planejar e refletir são perda de tempo.

O contexto

Está relacionado ao ambiente da ação, mas não é considerado na ação. A ação se orienta por um discurso formado no que concerne à sociedade e transformado em verdade.

Postura comercial

O agente e a comunidade

Prevalece o individualismo, o interesse pessoal em detrimento da comunidade. O outro é encarado como concorrente, a comunidade como espaço de tirar vantagem, de sair ganhando.

Uma tendência do agente é resumir a ação pastoral a um grupo – politizado, doutrinado, socializado – que pode "consumir" o produto que tem para "vender". Os que não se enquadrarem nessa forma de pensar a Igreja e a pastoral são excluídos.

Na comunidade não se busca o lucro monetário, mas o lucro do status, da posição ou de um pretenso bem-estar de espírito. Reage-se ao Evangelho quando este prima pelo bem comum, pela partilha, pela consciência crítica, pela justiça social. Aceita-se, porém, a comunidade porque ela é necessária para a competição ou porque é necessária para aliviar as tensões da vida.

Os agentes de pastoral dentro dos grupos e as pastorais dentro da comunidade (paróquia ou diocese) querem ficar em destaque. Para isso, investem em estratégias para ganhar clientes. As pessoas tornam-se consumidoras de ideias, discursos, fórmulas para aplacar as frustrações, não conseguindo construir um processo de mudança.

O sujeito parece ser o espírito competitivo que se instala, isto é, o espírito competitivo ganha vida e as pessoas se tornam objetos. Insiste-se na ideia de que o sucesso e a vida boa dependem exclusivamente do esforço pessoal e da paz de espírito.

O método

Funda-se em um princípio básico: a competição. Consideram-se as outras dioceses, paróquias, pastorais e grupos religiosos como concorrentes. Quando um concorrente está levando vantagem, há uma tendência muito forte de se copiar as estratégias, para ganhar a concorrência.

A estratégia básica é provocar ou descobrir o desejo, para depois fornecer o produto da satisfação do desejo. Junto com o produto vai a garantia da segurança. O uso dos meios de comunicação de massa é outra característica forte desta postura.

O poder e o conflito

Poder é igual a número de clientes. Estes são os que dão retorno, que podem favorecer o grupo, o movimento ou o indivíduo. Podem estar a serviço da satisfação de um desejo individual. Também podem servir ao interesse da instituição, quando esta se sente ameaçada por outra.

O conflito se dá neste mesmo nível. Não há confronto de projetos, mas conflitos de interesses.

O lucro

O critério é tirar vantagem em tudo. Não se investe em pastorais que se voltam a indivíduos considerados inúteis, tais como pessoas idosas, com deficiência, pobres, sem-terra, sem-teto.

Postura carismática

Dois modelos de carismáticos

Por uma questão de compreensão, diferenciamos a postura carismática da carismático-pentecostal. Nos itens que se seguem, trataremos destas posturas separadamente.

Agente e comunidade

Na postura carismática a comunidade reconhece o agente por se diferenciar dela por seu carisma. O líder carismático ganha a confiança do povo espontaneamente, sem precisar de títulos. Às vezes, por causa do carisma é que o líder ascende a cargos públicos.

Na postura carismático-pentecostal o agente sente-se alguém com o dom do Espírito Santo. É reconhecido pela comunidade por causa da experiência do novo pentecostes. Quem recebe o dom do Espírito Santo tem o poder e o dever de pregar, falar em línguas, ensinar. A comunidade segue as orientações de quem recebeu o dom. Acredita-se que o sujeito que age na pessoa é o próprio Espírito Santo. O agente considera-se um instrumento do Espírito Santo.

Autoridade e poder

Na postura carismática o povo confere a autoridade à liderança carismática e identifica-se com ela. O agente sente-se portador do poder da comunidade. O regime de governo mais próximo desta postura é o populismo.

Na postura carismático-pentecostal a autoridade é aquele que foi agraciado com dom, que viveu a experiência do batismo no Espírito Santo. Não necessariamente a autoridade instituída. Há muitas tendências carismáticas. No caso da Renovação Carismática Católica acredita-se, também, que a Igreja foi fundada pelo Espírito Santo, mas que os seus dons podem ser distribuídos a todos os batizados, independentemente do revestimento institucional.

Carisma e método

Na postura carismática o agente exerce uma liderança natural. O poder não se justifica necessariamente na comunidade. O agente pode favorecer-se do seu carisma para dominar a comunidade. Mas pode assumir posturas críticas com vistas à transformação da sociedade, utilizando-se adequadamente do método participativo. Conquista a massa com seus discursos empolgantes e emocionais, em razão da sua capacidade de assumir e desvelar os problemas que a massa vive. Os discursos são carregados de misticismo e esperança. Quando todos parecem desanimar, a liderança carismática ressurge como que do nada e torna-se porta-voz das necessidades populares. Exemplos disso são Leonel Brizola, no campo político, Antônio Conselheiro, no campo religioso, e Che Guevara, no campo social. Esta manifestação do carisma pode aparecer também em outras instâncias, como a familiar e a comunitária.

Na postura carismático-pentecostal o agente exerce uma liderança instrumental. Sente-se instrumento do Espírito Santo. O falar em línguas geralmente acontece em momentos de oração coletiva. Acredita-se que o Espírito Santo derramou os seus dons naquele que vive esse fenômeno. Por isso, o falar em línguas é visto como um sinal do Espírito. O louvor compõe o centro da evangelização. A organização eclesial do carismatismo não se realiza em favor de uma transformação da sociedade, mas da experiência religiosa pessoal. De modo geral, a postura carismático-pentecostal acomoda-se nas estruturas sociais vigentes e pode ser vista como conservadora. Mas utiliza-se das tecnologias midiáticas avançadas como meio de propagação da sua experiência. Suas estratégias são: encontros de massa e em pequenos grupos, nos quais se manifestam o louvor, a pregação, o transe, o falar em línguas, o canto, o terço bizantino, os cenáculos.

Postura participativa

O agente e a comunidade

Tanto o agente como a comunidade são compreendidos como sujeitos. Ambos evangelizam e são evangelizados. O agente se coloca na posição de quem precisa construir a realidade. Para isso, vai mergulhar no contexto da comunidade, respeitando as diferenças e reconhecendo as outras pessoas também como sujeitos capazes de construir a realidade.

O processo de ação evangelizadora não é de um agente para uma comunidade, mas construído por todos e, por isso, destinado também a todos. A ação de evangelizar também evangeliza os evangelizadores.

Opção

Há, pelo menos, três questões importantes no que diz respeito à opção na ação evangelizadora: a decisão de fé, a preocupação para com as pessoas que fazem parte do universo humano em que se atua e o papel que se assume na evangelização.

Em primeiro lugar, trata-se de uma opção de fé. É preciso enfrentar as perguntas: Que Deus? Que fé?

Quando optamos, o fazemos por liberdade. Não podemos pensar que estamos fazendo um favor para o padre, para o bispo, para a irmã, ou para a vizinha, que gosta muito de ir à igreja. A opção nos compromete com o projeto de Jesus. E, às vezes, este projeto pede a nossa conversão, como fez com Mateus, com Zaqueu, com Paulo. Deus nos conhece "quando estamos sentados, em pé, por frente, por trás, quando estamos andando, quando estamos repousando", diz o Salmo 139.

A opção é, por isso, uma atitude de fé. Delineia-se no campo da fé como uma resposta à experiência de Deus vivida pelos agentes. A fé cristã, porém, está orientada pela fé de Jesus de Nazaré.

Em segundo lugar, trata-se de uma opção pelo universo humano no campo onde atuamos. Que ser humano e que mundo? Esta opção se faz também em relação às pessoas no campo específico da pastoral em que se atua. Optar é preocupar-se com as pessoas, assumi-las e acolhê-las, da mesma forma como fez o samaritano da parábola. Neste caso, a escolha é, em princípio, incondicional, ou seja, não se realiza sob condições tais como: "esta pessoa não merece minha atenção porque é de outra Igreja, de outro movimento, e é malvista pela sociedade".

Em terceiro lugar, trata-se de dar preferência a um ministério. Que Igreja? A escolha se faz também dentro dos diversos ministérios eclesiais. Aqui enfrentamos a questão: Em qual ministério serviremos ao Reino na Igreja?

As pessoas que assumem o serviço dentro da Igreja Católica precisam optar pelo Evangelho, isto é, pela prática de Jesus. Este revelou que a vida de quem opta pela sua causa volta-se ao serviço do Reino de Deus. A fé no Deus que se revelou comunhão e participação em Jesus de Nazaré marca os que escolhem seguir Jesus hoje, nos ministérios da Igreja. Os serviços na Igreja são para servir o Reino, não para auto-servir-se ou servir a instituição.

O método participativo

Nesta postura o método é o participativo. Participar significa compartilhar da ação e ter condições de tomar decisões. Porque o participar é a característica fundamental desta postura, é necessário que todos os envolvidos no processo de evangelização possam dizer a sua própria palavra.

O fato de se optar pelo método participativo não significa que desaparecem as posturas tradicional, basista, senso comum, positivista e comercial. Mas a opção permitirá o confronto de posturas pastorais que antes se afirmavam na passividade. O que de novo aparece aqui é a exigência de a pessoa se assumir como sujeito.

Há uma postura séria na construção das relações e do conhecimento, considerando o modelo de relação sujeito-sujeito. Com rigor científico e tendo em vista a relação entre agente-comunidade-contexto acontecem a observação, o registro, a partilha do registro, a reflexão e análise, a busca de iluminação bíblica, teológica, antropológica e o planejamento das ações. Ao realizar este processo, o agente investiga a sua própria prática, a sua própria atuação e também se evangeliza.

Processo

O método não é linear, mas processual. A linearidade pode ser verificada na linha de montagem de uma fábrica. Tudo começa com uma peça e a cada estágio os operários inserem outra, até que, no final, o produto se completa. As diversas ações específicas e isoladas, organizadas mecanicamente, resultam em um produto final.

O método linear é eficaz nas linhas de montagem, mas revela muitos problemas quando se trata de relações humanas. As ações entre pessoas não geram um objeto externo. Pelo contrário, elas mexem com questões subjetivas. O ser humano não é uma máquina que pode ser montada e desmontada, peça por peça. A ação humana é imprevisível e não resulta de um processo previamente estabelecido. Os processos são, por isso, uma constante construção.

A ideia de processo corresponde melhor à natureza humana. As pessoas têm posturas e ideias diferentes, por isso, o processo vai-e-vem, de modo dialético. A construção de um processo participativo pede que o agente faça parte dele, e não que se perceba como alguém que de fora o acompanha. Não é o agente quem decide o que deve ser feito. Se assim o fosse, os outros seriam transformados em objetos. É no processo de participação das diversas pessoas envolvidas que as decisões são tomadas. O processo é conduzido com base em princípios, que se transformam em critérios de discernimento. Sobre o que significam os princípios e critérios já trabalhamos na chave de leitura pedagógica.

O poder

Entre a comunidade e o agente há diferença, mas não na ordem de poder. Há diferenciação dos papéis para o serviço do Reino, tal como pensou São Paulo, "há diversidade de dons, mas o espírito é o mesmo" (1Cor 12,4). Portanto, um papel institucional não confere autoridade de um sobre outros, mas apenas uma diferenciação dos ministérios.

Na postura participativa a referência para a avaliação das ações e a tomada de decisões são os critérios construídos através de um processo de planejamento. Os planos de ação evangelizadora explicitam estes critérios. Por isso, eles são a mediação do poder.

A fé

O agente de pastoral com postura participativa é, antes de tudo, um agente que tem fé. Sua fé se expressa na sua mística da participação, resultado da experiência de um Deus comunhão. "É preciso ter razões fortes para partilhar, despojar-se e participar. A experiência de um Deus participação transforma-se em fonte utópica da nossa fé e, por isso, razão do nosso esforço de participação."[4]

A fé é entendida na sua dimensão pessoal e também comunitária. Enquanto dimensão pessoal, veicula-se com o contexto (do agente e da comunidade). Não é uma realidade atemporal, mas ligada à experiência humana de Deus vivida em comunidade.

O agente participativo vê a fé no seu dado antropológico, como confiança no outro. E no seu dado teológico, como confiança no totalmente outro: Deus.

A participação requer confiança entre os instituídos entre si e entre estes e os condutores do processo. A confiança se enraíza na fé. As pessoas, para construírem um processo participativo, precisam de confiança mútua. As discordâncias teóricas não destroem a confiança quando enfrentadas lealmente. A traição determina a morte da fé, ou seja, interrompe a confiabilidade e nega o processo. A liberdade interior é consequência da confiabilidade e, certamente, o maior dom que o ser humano ambiciona.[5]

Os conflitos e o enfrentamento

Aparecem os enfrentamentos, os confrontos, as contradições. Estes são encarados como parte do processo de construção participativa da ação evangelizadora. O conflito de subjetividades causa confronto de realidades, de projetos, de opções. O enfrentamento, a partir desta ótica, é considerado vital para o processo pastoral.

Os primeiros confrontos poderão trazer como marca a reação – um mecanismo prático de defesa. Quando nos expomos ao enfrentamento aparecem críticas, apontamento de limites e erros. Como nossa história é marcadamente tradicional, reagimos, pois para a pastoral tradicional o agente não é passível de crítica – acredita-se sabedor, autoridade no assunto. A reação torna-se um mecanismo prático – da consciência prática –

---

[4] ITEPA. *Reflexão sobre a postura participativa no ITEPA*, p. 26.

[5] Ibid.

de defesa. Um dos confrontos que aparecem seguidamente é de, na análise dos registros, se apontarem reações, posturas e práticas tradicionais do agente que registrou, dizendo ser ele autoritário. Ora, ninguém gosta de ouvir isso. A resposta vem de imediato, ou com justificativas e desculpas, ou com ataques pessoais do tipo: "autoritário é você". Ou mesmo com ataque ao próprio método, dizendo: "Isso é perda de tempo". Vemos que, neste nível, ambos os lados se julgam certos, mas consideram o outro errado. Isso evidencia também uma postura tradicional.

Nesse sentido, na análise dos registros, ambos – o que analisa e o que é analisado – são objetos de investigação. Assim, ao mesmo tempo que analisamos o registro do colega, nos autoanalisamos. Se o condutor do processo não tiver um pouco de entendimento dos passos metodológicos, a relação pode acabar no confronto. Um instrumento para possibilitar a mediação pode ser o registro. Anota-se o ocorrido no momento e, numa ocasião posterior, analisa-se o registro do confronto tendo como referência a relação e as reações. Ajudaria, também, a retomada dos princípios, da opção e do método.

A transformação

Nesta postura, caracterizada por um modelo diferente de relação, o horizonte está sempre aberto, em processo continuado de construção; por isso, o agente, bem como a comunidade e o contexto, estão também abertos à transformação. Está fundada em alguns princípios básicos buscados na Bíblia, na Antropologia, na Teologia, nas Ciências da cultura ou Biociências. Da Bíblia, a prática de Jesus de Nazaré. Da Antropologia, o ser humano em construção. Da Teologia, a participação. Das Ciências sociais, a dialética como possível análise da inter-relação localizada num contexto.

O contexto

É um dos fatores determinantes no processo de construção pastoral. Faz parte do objeto de investigação e está relacionado dialeticamente com a comunidade – e/ou as pessoas da comunidade – e o agente. Da leitura do contexto se constrói a realidade. O agente não consegue abarcar o contexto em sua amplitude. Por esta razão, há uma constante ação-reflexão no grupo de partilha, o que consideramos como sendo a práxis.

Referências bibliográficas

ADORNO, T. W; HORKHEIMER, Max. *Dialética do esclarecimento:* fragmentos filosóficos. Rio de Janeiro: Jorge Zahar, 1985.

ALMEIDA, Custódio L. S. de; FLICKINGER, Hans-Georg; ROHDEN, L. *Hermenêutica filosófica:* nas trilhas de Hans-Georg Gadamer. Porto Alegre: EDIPUCRS, 2000. pp. 129-140. (Col. Filosofia, n. 117.)

BALBINOT, Rodinei. *Um olhar sobre a pedagogia pastoral participativa.* Passo Fundo: Itepa, 1999. (Monografia.)

_____. *Ação pedagógica:* entre verticalismo pedagógico e práxis dialógica. São Paulo: Paulinas, 2006.

_____. Pedagogia do caminho: uma leitura da prática de Jesus. In.: *Revista Caminhando com o Itepa.* Passo Fundo: Berthier, n. 80, 2006.

_____. ZANANDREA, Rene. Fazer teológico e prática pastoral na perspectiva epistemológica histórico-evangelizadora. In.: *Metodologia da ação evangelizadora:* uma experiência no fazer teológico-pastoral. Passo Fundo: Berthier, 2008.

_____; MEZADRI, Neri (orgs.). *Metodologia da ação evangelizadora:* uma experiência no fazer teológico-pastoral. Passo Fundo: Berthier, 2008.

_____. *Orientações para o planejamento paroquial.* Chapecó: Diocese de Chapecó. (Subsídios para a formação.)

BAUMAN, Zygmunt. *O mal-estar na Pós-Modernidade.* Rio de Janeiro: Jorge Zahar, 1998.

BENINCÁ, Elli. A prática pedagógica da sala de aula: princípios e métodos de uma ação dialógica. 4. ed. *Cadernos UPF*, Passo Fundo, UPF, ano I, n. 4, mar. 1985.

_____. *Caderno de formação.* Passo Fundo, n. 2, 1994.

_____. O espontaneísmo e a práxis pedagógica. *Boletim trimestral: construindo o diálogo político-pedagógico*, Porto Alegre, AEC-RS, ano XX, n. 77, pp. 15-20, mar. 2000.

_____. Práxis pastoral. *Revista Caminhando com o Itepa*, n. 63, ano XVIII, nov. 2001. pp. 7-36.

_____. O diálogo como princípio pedagógico. In.: FÁVERO, A. A; TROMBETA, G. L.; RAUBER, J. J. (orgs.). *Filosofia e racionalidade: festschrift* em homenagem aos 45 anos do Curso de Filosofia da Universidade de Passo Fundo. Passo Fundo: UPF, 2002, pp. 107-117.

_____. *O senso comum pedagógico:* práxis e resistência. Porto Alegre: UFRGS, 2002. (Tese de doutorado.)

_____. Pedagogia pastoral: metodologia histórico-evangelizadora. In.: FAVRETO, Clair; BALBINOT, Rodinei. *Itepa:* história e prospectivas. Santa Maria: Palloti, 2005, pp. 100-121.

_____. (orientador). A relação teoria e prática no cotidiano dos professores. *Espaço pedagógico*, Passo Fundo, v. 7, n. 1, pp. 97-108, jul. 2000b.

_____. A memória como elemento educativo. *Projeto de pesquisa: a relação teoria e prática no cotidiano dos professores.* Passo Fundo: UPF, 2000a. (Relatório.) (Mimeo.)

BÍBLIA DE JERUSALÉM. São Paulo: Paulus, 1985.

BOBBIO, Norberto; MATTEUCCI, Nicola; PASQUINO, Gianfranco. *Dicionário de política.* Trad. por João Ferreira, Carmen C. Varrialle et al. 2. ed. Brasília: Editora Universidade de Brasília, 1986, 1328 pp.

BOFF, Leonardo. *Saber cuidar:* ética do humano – compaixão pela terra. 11. ed. Petrópolis: Vozes, 2004.

BRANDÃO, Carlos Rodrigues. (org.). *A questão política da educação popular.* São Paulo: Brasiliense, 1980.

_____. *O que é educação?* 12. ed. São Paulo: Brasiliense, 1984. (Col. Primeiros Passos.)

BRIGHENTI, Agenor. *A pastoral dá o que pensar:* a inteligência da prática transformadora da fé. São Paulo/Valência-ESP: Paulinas/Siquem, 2006. (Coleção Livros Básicos de Teologia, n. 15.)

CADERNOS UPF. Pós-graduação não formal. Uma tentativa de vislumbrar a educação sob o prisma da prática educativa. Passo Fundo: UPF, ano III, n. 9, out. 1983, 28 pp. (Relatório final do Curso de Especialização para Docentes em Serviço em Filosofia da Educação – UPF.) (Experiências, n. 1.)

CARR, Wilfred; KEMMIS, Stephen. *Teoría crítica de la enseñanza:* la investigación-acción en la formación del profesorado. Trad. de J. A. Bravo. España: Martínez Roca, 1988.

_____. Hacia una teoria crítica de la educación. In: *Una teoría para la educación:* hacia una investigación educativa crítica. Trad. de Pablo Manzano. Madrid/La Coruña: Ediciones Morata/Fundación Paideia, 1996, pp.103-155.

CELAM. *Documento de Aparecida.* São Paulo: CNBB, Paulinas e Paulus, 2007.

CNBB. *Diretrizes gerais da ação evangelizadora da Igreja no Brasil, 2008-2010.* São Paulo: Paulinas, 2008. (Col. Documentos da CNBB, n. 87.)

CURY, Carlos Roberto Jamil. *Educação e contradição*: elementos metodológicos para uma teoria crítica do fenômeno educativo. 3. ed. São Paulo: Cortez, 1987. (Col. Educação Contemporânea.)

DOCUMENTOS DO CONCÍLIO ECUMÊNICO VATICANO II. São Paulo: Paulus, 2001.

FOUCAULT, Michel. *Ditos e escritos:* ética, sexualidade, política. Rio de Janeiro: Forense Universitária, 2004.

FRANCA, Leonel. *O método pedagógico dos jesuítas.* Rio de Janeiro: Agir, 1952.

FREIRE, Paulo. *Extensão ou comunicação?* 12. ed. Rio de Janeiro: Paz e Terra, 2002.

_____. *Pedagogia do oprimido.* 35. ed. Rio de Janeiro: Paz e Terra, 2003a.

_____. *Pedagogia da esperança:* um reencontro com a pedagogia do oprimido. 10. ed. Rio de Janeiro: Paz e Terra, 2003b.

_____; OLIVEIRA, Rosiska Darcy de; OLIVEIRA, Miguel Darcy de; CECCON, Claudius. *Vivendo e aprendendo*: experiências do Idac em educação popular. São Paulo: Brasiliense, 1980.

GADAMER, Hans-Georg. *Verdade e método I:* traços fundamentais de uma hermenêutica filosófica. 6. ed. Petrópolis: São Paulo, Vozes: Editora Universitária São Francisco, 2004a. (Coleção Pensamento Humano.)

_____. *Verdade e método II:* complementos e índice. 2. ed. Petrópolis: São Paulo, Vozes: Editora Universitária São Francisco, 2004b. (Coleção Pensamento Humano.)

_____. *O caráter oculto da saúde.* Petrópolis: Vozes, 2006.

GADOTTI, Moacir. *A educação contra a educação*: o esquecimento da educação e a educação permanente. Rio de Janeiro: Paz e Terra, 1981. (Educação e comunicação, 7.)

GOFFMAN, Erwing. *A representação social do eu na vida cotidiana.* 13. ed. Petrópolis: Vozes, 2005.

GRAMSCI, Antonio. *Concepção dialética da história.* Trad. de Carlos Nelson Coutinho. 10. ed. Rio de Janeiro: Civilização Brasileira, 1995, 352 pp.

_____. *Escritos políticos.* Rio de Janeiro: Civilização Brasileira, 2004. v. 2.

MAKARENKO, A. S. *Poema pedagógico.* Trad. de Tatiana Belinky. São Paulo: Editora Brasiliense, 1985. 3 v.

MARQUES, Mário Osório. *Pedagogia*: a ciência do educador. Ijuí: Unijuí Editora, 1990. 181 pp. (Col. Educação, 10.)

_____. *Escrever é preciso:* o princípio da pesquisa. 4. ed. Ijuí: Unijuí Editora, 2003.

MARX, Karl. *O capital.* São Paulo: Abril Cultural, 1983. (Col. Os Economistas, n. 1.)

_____; ENGELS, F. *A ideologia alemã.* São Paulo: Centauro, 2002.

PASTORAL COLETIVA DOS SENHORES ARCEBISPOS E BISPOS DAS PROVÍNCIAS ECLESIÁSTICAS DE SÃO SEBASTIÃO DO RIO DE JANEIRO, MARIANNA, SÃO PAULO, CUYABÁ E PORTO ALEGRE. Rio de Janeiro: Typ. Martins de Araujo & C., 1915.

PEREIRA, Isidoro. *Dicionário grego-português e português-grego.* 5. ed. Porto/ Portugal: Edições da Livraria Apostolado da Imprensa, 1976.

REALE, Giovanni; ANTISERI, Dario. *História da Filosofia.* São Paulo: Paulus, 1990. v. 1. (Coleção Filosofia.)

SÁNCHEZ GAMBOA, Silvio. *Fundamentos para la investigación educativa:* presupuestos epistemológicos que orientan al investigador. Santa Fé de Bogotá: Cooperativa Editorial Magistério, 1998, 138 pp. (Col. Mesa redonda, n. 66.)

SAVIANI, Dermeval. *Educação:* do senso comum à consciência filosófica. São Paulo: Cortez, 1980. (Col. Educação Contemporânea.)

_____. *Pedagogia histórico-crítica:* primeiras aproximações. São Paulo: Cortez, 1991. (Col. Polêmicas do Nosso Tempo, n. 40.)

SKINNER, B. F. *Ciência e comportamento humano.* 2. ed. Trad. por João Cláudio Todorov e Rodolpho Azzi. São Paulo: Edart, 1974.

STOPPINO, Mario. Poder. In.: BOBBIO, Norberto; MATTEUCCI, Nicola; PASQUINO, Gianfranco. *Dicionário de política.* 2. ed. Brasília: Editora Universidade de Brasília, 1986.

SUSIN, Luiz Carlos. *Assim na terra como no céu:* brevilóquio sobre escatologia e criação. Petrópolis: Vozes, 1995.

TONELLO, Nelson. A fome na "casa do pão". *Revista Caminhando com o Itepa*, Passo Fundo, ano I, n. 2., pp. 6-7, dez. 1984.

VÁZQUEZ, Adolfo Sánchez. *Filosofia da práxis.* Rio de Janeiro: Paz e Terra, 1977.

VIEIRA PINTO, Álvaro. *Ciência e existência:* problemas filosóficos da pesquisa científica. Rio de Janeiro: Paz e Terra, 1969. (Col. Rumos da Cultura Moderna, n. 20.)

_____. *Sete lições sobre educação de adultos.* 7. ed. São Paulo: Cortez, 1991. (Col. Educação Contemporânea.)

Sumário

Apresentação 5

Capítulo 1
Evangelização em chave de leitura socioeclesial 9

Capítulo 2
Evangelização em chave de leitura cristológica 21

Capítulo 3
Evangelização em chave de leitura metodológica 39

Capítulo 4
Evangelização em chave de leitura pedagógica 61

Capítulo 5
Evangelização em chave de leitura didático-pastoral:
posturas pastorais 89

Referências bibliográficas 108

Impresso na gráfica da
Pia Sociedade Filhas de São Paulo
Via Raposo Tavares, km 19,145
05577-300 - São Paulo, SP - Brasil - 2015